山东社会科学院创新工程重大项目
山东社会科学院出版资助项目

推进供给侧结构性改革的现代财政金融体系研究

张文 张念明 高阳 等著

中国社会科学出版社

图书在版编目(CIP)数据

推进供给侧结构性改革的现代财政金融体系研究／张文，张念明，高阳等著 . —北京：中国社会科学出版社，2020.10
ISBN 978-7-5203-7204-6

Ⅰ.①推… Ⅱ.①张…②张…③高… Ⅲ.①财政金融—金融改革—研究—中国 Ⅳ.①F812.2

中国版本图书馆 CIP 数据核字（2020）第 176277 号

出 版 人	赵剑英
责任编辑	冯春凤
责任校对	张爱华
责任印制	张雪娇

出　版	中国社会科学出版社
社　址	北京鼓楼西大街甲 158 号
邮　编	100720
网　址	http：//www.csspw.cn
发 行 部	010-84083685
门 市 部	010-84029450
经　销	新华书店及其他书店
印　刷	北京君升印刷有限公司
装　订	廊坊市广阳区广增装订厂
版　次	2020 年 10 月第 1 版
印　次	2020 年 10 月第 1 次印刷
开　本	710×1000　1/16
印　张	12.25
插　页	2
字　数	181 千字
定　价	78.00 元

凡购买中国社会科学出版社图书，如有质量问题请与本社营销中心联系调换
电话：010-84083683
版权所有　侵权必究

序

当前，我国社会主要矛盾已经转化为人民日益增长的美好生活需要和不平衡不充分的发展之间的矛盾，经济发展呈现出增速换挡、动力转换、结构调整的深刻变化，随着"创新、协调、绿色、开放、共享"新发展理念的贯彻落实，经济发展正由高速增长阶段向高质量发展阶段有序转换。其中，供给侧结构性改革作为当前及今后一段时期高质量发展的主线任务，意味着我国经济发展模式由偏重"需求拉动"的阶段转向更加注重"供给推动"的新阶段。20世纪90年代初期，我国社会主义市场经济体制初步建立后，主要运用投资、消费、进出口"三驾马车"政策框架来实施宏观经济管理，通过对需求侧的相机抉择式调控，促进经济稳健增长。但总量性政策对需求马车的频繁加力，尤其是应对国际金融危机冲击的强刺激政策，导致投资效益骤减、供需不平衡加剧以及过剩经济到来。在适度增加总需求的同时，强化供给侧结构性改革，提升供给体系的质量和效率，运用结构性政策主动适应、匹配、引领需求结构变化，实现高水准供需结构匹配，显著增强经济体系的质量优势和竞争优势，以质量变革、效率变革、动力变革推动经济创新力和竞争力提升，正成为我国经济发展的新航向和主旋律。

从战略定位看，供给侧结构性改革是以结构调整为重心，以供给侧领域全面提质升级为指向，以高效化、创新化、绿色化、品牌化为特征，推动经济发展进入质效齐升、供需协同、动力转换和体系升级的现代化通道，是我国改革的再深化、目标的再提升、路径的再跨越和体系的再优化。而财政金融作为现代经济体系的重要组成部分，对推动供给侧结构性改革具有重要支撑、引导与保障作用。现代财政作为国家治理的基础和重要支柱，具有优化产业结构、促进收入分配公平、保障社会民生的支撑作用，通过定向调控与乘数撬动机制，有助于弥补市场失灵，强化创新要素供给，有效降低过剩产能化解成本，推动支柱产业的产业链条升级和技术改造革新，大力促进新动能的规模扩张和质量提升，提高国家产业的整体供给能力和供给优势。现代金融作为经济运行的枢纽和血脉，具有优化资源配置、调控产业布局、培育发展新动能的重要作用，通过降低企业融资难度，推进金融资源流入实体经济，调整信贷在不同行业间的投向，有助于遏制产能过剩行业扩张和传统产业的过度投资，满足传统产业在落后产能淘汰、技术改造升级、节能环保、科研技术投入等方面的资金需求，加快传统动能的迭代升级，通过加力供血可助力企业把握新兴产业投资机会，提升技术更替升级速度，实现新兴产业的跨越式发展。

从系统论角度看，财政金融虽然具有各自不同的作用机理，但对推动供给侧结构性改革而言，仍然具有交互叠加的协同联动机制，可类型化为产业高质量发展引导机制、投资激励约束机制、成本降减机制与外部保障机制。从产业层面看，财政金融政策可通过鼓励引导新兴产业发展、改造提升传统产业的双向施力最终推进供给侧结构性改革；从企业层面看，根据弗洛姆的期望激励理论，财政金融政策可通过提升企业期望价值，影响企业投资意愿和决策，进而对企业发展产生积极的影响；从成本层面看，财政金融政策通过政策资金流协同调控，可有效降低企业显性或隐性的融资成本以及税费成本；从保障层面看，财政金融政策通过协同降低供给侧结构性改革过程中的社会成本和公共风险，可促进改革平稳落地。此外，财政金融政策协同对扩大增加有效需求、优化需求结构、提高需求层次、夯实需求底线保障等方面，也具有积极重要的支撑调控作用。

从规则体系层面看，政策调控属于现行制度框架下的"规则内选择"，制度改革创新属于更上位层面的"规则间选择"。从短期看，在现行财政金融制度框架下最大限度用好、用活政策要素资源，是推动供给侧结构性改革的务实之举；从中长期看，按照全面深化改革的顶层战略部署，深化制度改革与创新，建立现代财政金融制度体系，最大程度释放制度改革红利，是深化推动供给侧结构性改革的有效路径，同时也是供给侧结构性改革深化本身的题中应有之义。建立推动供给侧结构性改革的现代财政制度，应按照全面推进国家治理体系和治理能力现代化的要求，以法治、分权、公平、效率为原则，建立健全以责权明晰的现代分税制制度、规范透明的现代预算制度、公平法治的现代税费制度、运行高效的财政支出制度、全面覆盖的绩效管理制度为核心的现代财政制度体系。推进供给侧结构性改革的现代金融体系，应加快建立与实体经济深度融合、回归本源的现代金融服务体系，精准高效的现代金融调控体系，活力迸发的现代金融创新体系，统筹协调的现代金融监管体系，广开源流疏通金融供给通道，深耕细作强化金融业态创新，多措并举提升政策调控实效，防严防牢系统性金融风险底线。同时，强化财政金融制度改革的规则衔接与政策协调，形成协同联动、精准施力的系统性制度体系，也是保障供给侧结构性改革成效的重要议题。

张文

2020 年 3 月 20 日

目 录

第一章 供给侧结构性改革：新时代我国建设现代化经济体系的重要任务 …………………… （ 1 ）

第二章 供给侧结构性改革的理论界定 ………………………… （ 4 ）
  第一节 供给侧结构性改革的目标定位 ………………… （ 4 ）
  第二节 供给侧结构性改革的内涵特征 ………………… （ 8 ）
  第三节 供给侧结构性改革的基本任务 ………………… （11）

第三章 财政金融推进供给侧结构性改革的作用机制 ……… （16）
  第一节 财政对供给侧结构性改革的作用机理 ………… （16）
  第二节 金融对供给侧结构性改革的作用机理 ………… （18）
  第三节 财政金融推进供给侧结构性改革的协同机制 …… （21）

第四章 推进供给侧结构性改革的现代财政体系框架 ……… （24）
  第一节 现代财政制度的内涵与特征 …………………… （24）
  第二节 西方发达国家财政现代化的历程与基本经验 …… （27）
  第三节 我国现代财政制度构建的基本框架 …………… （32）
  第四节 推进供给侧结构性改革的现代财政
        制度体系框架 …………………………………… （37）
  第五节 推进供给侧结构性改革的现代财政政策
        调控体系框架 …………………………………… （43）

第五章 政府引导基金对供给侧结构性改革的影响与路径 … （45）
  第一节 政府引导基金对供给侧结构性改革的影响 …… （45）
  第二节 我国政府引导基金的发展历程与现状 ………… （46）
  第三节 政府引导基金推进供给侧结构性改革的

主要模式与典型案例 …………………………………（48）

第六章　政府采购政策对供给侧结构改革的调控及方向 ……（57）
　　第一节　政府采购政策功能与供给侧结构改革 ……………（57）
　　第二节　政府采购政策对供给侧结构性改革的调控作用 …（61）
　　第三节　政府采购政策对供给侧结构改革的调控方向 ……（67）

第七章　推进供给侧结构性改革的税制建设及因应 …………（71）
　　第一节　降低企业税负：供给侧结构性改革的迫切诉求 …（71）
　　第二节　当前我国企业税负的内在成因 ……………………（74）
　　第三节　供给侧结构性改革导向下我国企业税负优化的
　　　　　　目标定位 ……………………………………………（81）
　　第四节　供给侧结构性改革导向下我国企业税负优化的
　　　　　　原则导向 ……………………………………………（82）
　　第五节　供给侧结构性改革导向下我国企业税负优化的
　　　　　　操作指向 ……………………………………………（83）
　　第六节　供给侧结构性改革导向下我国企业税负优化的
　　　　　　路径选择 ……………………………………………（85）

第八章　推进供给侧结构性改革的现代金融体系框架 ………（89）
　　第一节　回归本源的现代金融服务体系 ……………………（89）
　　第二节　精准高效的现代金融调控体系 ……………………（94）
　　第三节　活力迸发的现代金融创新体系 ……………………（97）
　　第四节　统筹协调的现代金融监管体系 ……………………（99）

第九章　科技金融对供给侧结构性改革的影响及路径 ………（102）
　　第一节　科技金融对供给侧结构性改革的影响 ……………（102）
　　第二节　科技金融的概念与运行机制 ………………………（105）
　　第三节　我国科技金融融合发展现状、面临的
　　　　　　问题及约束 …………………………………………（108）
　　第四节　科技金融融合发展的国外经验借鉴 ………………（112）
　　第五节　推进供给侧结构性改革的科技金融发展路径 ……（116）

第十章　绿色金融对供给侧结构性改革的影响及对策 ………（119）
　　第一节　绿色金融对供给侧结构性改革的影响 ……………（119）

第二节	绿色金融的内涵及相关概念界定	(120)
第三节	我国绿色金融的发展现状	(123)
第四节	绿色金融的国际经验借鉴	(129)
第五节	我国绿色金融发展存在的问题及建议	(135)
第十一章	**消费金融对供给侧结构性改革的作用及对策**	(138)
第一节	消费金融推进供给侧结构性改革的逻辑链条	(138)
第二节	消费金融的涵义	(140)
第三节	我国消费金融的发展现状、问题与国际经验	(147)
第四节	消费金融推进供给侧结构性改革的对策建议	(154)
第十二章	**普惠金融对供给侧结构性改革的影响及路径**	(159)
第一节	普惠金融与供给侧结构性改革的逻辑关系	(159)
第二节	普惠金融的内涵与发展现状	(160)
第三节	普惠金融推进供给侧结构性改革的主要形式	(164)
第四节	普惠金融在推进供给侧结构性改革中的问题与挑战	(165)
第五节	普惠金融推进供给侧结构性改革的对策建议	(167)
第十三章	**展望：财政金融协同推进供给侧结构性改革**	(170)
第一节	财政金融协同是深化供给侧结构性改革的有效推力	(170)
第二节	财政金融协同推进供给侧结构性改革的主攻方向	(172)
第三节	财政金融协同推进供给侧结构性改革的路径选择	(175)
参考文献		(179)
后记		(185)

第一章　供给侧结构性改革：新时代我国建设现代化经济体系的重要任务

当前，中国特色社会主义进入新时代，社会主要矛盾转化为人民日益增长的美好生活需要和不平衡不充分的发展之间的矛盾，经济已由高速增长阶段转向高质量发展阶段。推动高质量发展，建设现代化经济体系，应以供给侧结构性改革为主线，实现经济发展质量变革、动力变革、效率变革。从历史维度看，供给侧结构性改革的提出，在我国有着深刻的时代背景和深层的发展脉络，是我国贯彻落实"创新、协调、绿色、开放、共享"新发展理念，坚持稳中求进工作总基调，坚持以人民为中心，坚持观大势、谋全局、干实事的重大战略部署。

逻辑源起之一：从"总量扩张"到"结构优化"的战略抉择。改革开放以来，我国立足人民日益增长的物质文化需要同落后的社会生产之间的矛盾，以经济建设为中心，以渐进式市场化改革为方向，迅速释放先进社会生产力，在20世纪90年代中后期成功突破"短缺经济"瓶颈，破冰产出规模矛盾。随着经济总量的不断扩大和市场化改革的持续深化，发展不平衡、不充分的深层结构性矛盾逐步显现，过剩产能、低端产能难以满足人民日益增长的多样化、个性化美好生活需要，部分地区和群众未能充分共享经济发展的应有成果，经济发展的"质量瓶颈"凸显。主要表现为，GDP盲目崇拜的背后是高外向度的需求结构的严重失衡，由传统重化工业向现代服务业的产业转型步履维艰，收入分配差距持续拉大，城乡、区域结构趋于失调，资源与环境的瓶颈性约束日益收紧。当前，高质量发展的主要任务就是显著增强我国供给体系的质量、效率和公平度，突破质量缺口，增强质量优势，实现质量赶超，由此使得经济治理的基本范式必然由总量扩增模式向结构优化模式转变。

逻辑源起之二：从"需求调控"到"供给管理"的范式转变。从供需动力看，与要素投入驱动相匹配，我国经济增长高度依赖投资驱动。长期以来，在投资、出口与消费"三驾马车"理论框架下，我国经济运行与政策调控的重心长期置于刺激投资、促进出口与扩大消费，高投资、高外贸依存度与低消费一度成为我国经济需求端的经典结构。由于高投资是以粗放型生产要素投入为支撑的，其积极效果是经济规模的快速膨胀与商品服务流的大量产生，为经济总量增长与流转税税制设计奠定基础，但由于投资具有"大投大放"的外延式、粗放型特征，其对经济增长的意义更多是增量效应而非存量效应，即经济增长依靠高流转的投资支撑，而投资产出的结果及存量欠佳，为维持一定的经济增长速度，必须以下一轮更为猛烈的要素投入与新增投资为支撑，经济由此驶入投资增量不止的失衡结构。在供给侧，与高投资刺激的结果相对应，其形成的产业结构以传统型的重化工业及房地产业为主，产业链条以此为中心展开，使得高技术、高附加值的高端制造业、战略性新兴产业、现代服务业、高效生态农业等现代产业体系发育不足，由此导致产品供给层次的低端化，并在内外有别的产品质量标准体系下，倒逼国内部分购买力外溢，此从近年来国外消费、线上购物的勃兴中可见一斑。由此使得全面提升供给体系的质量与效率，打造中高端、高质量的产业链条与产品体系，成为我国实施创新驱动发展战略的深刻诉求。

逻辑源起之三：从"要素驱动"到"创新驱动"的路径调整。改革开放以来，我国逐步摒弃以权力等级制为核心的高度集中的计划经济体制，确立了以市场化为基本方向的发展路线。事实证明，以经济建设为中心的渐进式市场化发展路径，生成了强劲的规模驱动效应，有效释放并激发了长期被命令经济所"捆绑"的生产力，有力促成了经济持续性的赶超式发展，使得我国经济在破解"短缺经济"瓶颈后，迅速成长为世界第二大经济体。另外，在规模驱动的总量效应的背后,是创新驱动的结构效应的失衡。长期以来,在GDP崇拜的发展模式下,支撑经济总量持续膨胀的驱动力源于粗放式的生产要素投入,即低人工成本、低土地与自然资源成本、低环保成本、低技术含量、低制度成本的要素供给结构,是驱动我国经济总量扩张但质量与效益不佳的动能结构。当前,随着人口老龄化加速、土地容量收窄、资源环境约束趋紧及制度红利消减等要素供给成本与结构的深刻变化,传统以要素投入驱动规模增长的发展模式难以为继,必须转向以创新驱动为源动力的内涵式发展轨道,全力提升经济发展质量与效率。

逻辑源起之四:从"行政主导"到"市场决定"的机制重塑。从政府与市场关系上看,由于我国经济改革路径是由高度集中的计划体制向市场化体制渐进转轨,改革的实质进程由政府所主导,并在某种程度上表现为政府"放权让利"的结果。时至今日,我国产品领域的市场化改革已经到位,具有商品性质的私人产品均可通过市场通道实现,但生产要素领域的市场化改革却远未到位,土地、资金、制度等生产要素的市场化改革亟待深化,在上述领域尚存在较为严重的行政干预与扭曲。在宏观调控上,与我国经济的要素驱动和投资驱动模式相一致,并受计划经济体制的深刻影响,我国习惯于直接化、行政性的调控范式,在应对经济周期下行时惯于直接投资刺激,在"去产能"过程中依赖行政式配给,对市场化机制及方式运用不足。从效果上看,直接的行政干预具有"立竿见影"的短、平、快效应,但从长期看,市场是配置资源的基础性机制,行政化的人为干预使得市场信号被扭曲,资源配置的自发机制被破坏,最终将不利于经济活力的深度回归。创新驱动战略的实施,不仅意味着科技创新能力的培育与提升,而且诉求政府与市场关系的结构性重塑及合理定位。

第二章　供给侧结构性改革的理论界定

供给侧结构性改革是我国根据当前时期的发展问题所提出的重要发展思路和逻辑主线。供给侧结构性改革既着眼于短期矛盾和问题的解决，更注重长效发展机制的形成，可以说综合了正在进行的转变发展方式、推动产业升级、实施创新驱动、转换发展动力等重大发展战略的内涵，能够聚焦新的视角，以更加精准的路径和方式，实现改革、创新和开放发展的新突破。当前，我们需要把制度创新、政策调整和目标体系集中于供给侧改革领域，在新发展理念的框架下构建激励更有效、机制有活力、动力可持续的现代化经济体系，不断推动整体经济结构的调整、优化与升级。

第一节　供给侧结构性改革的目标定位

供给侧结构性改革是在短期目标和长期目标相一致的逻辑上进行目标设定和发展定位的。就战略方向而言，供给侧结构性改革是改革的再深化、目标的再跨越和体系的新构建。供给侧结构性改革以结构调整为重心，以供给侧领域全面深化改革为根本途径，经过一段时期的协同努力，推动当前经济进入质效提升、供需协同、动力转换和体系升级的现代化发展机制。

一　实现要素资源高效配置

要素与资源的有效配置问题是经济发展永恒的主题。经过几十年的市场化经济改革，我国各类要素资源的基础性配置机制已经建立，要素资源的全国范围乃至全球化流动方式有了稳定的制度性保障,要素资源的统筹化、竞争化和有序化配置程度大幅提高。但是,在经济转型升级过程中,我国的市场制度建设还不完善,部分要素和资源领域的制度供给还不到位,相关制度建设的不确定性也仍然较高。同时,在要素资源的配置方式上,政府与市场的关系还需要进一步理清和重塑,政府职能转变方面的改革还需要快步推进。正确处理政府与市场的关系就是要使得政府回归服务、监督和保障的职能,在新型政府权责体系构建的前提下尽快建立起以市场机制为决定因素的要素资源配置方式。

供给侧结构性矛盾的原因是要素配置扭曲,是体制机制障碍。供给侧结构性改革的首要着力点就是要在要素资源配置领域进行制度梳理和重构,进一步确立市场价格形成机制,深化土地、能源、产权等领域的制度改革,最大化发挥基础要素资源的潜力和效力,依靠价格机制和成本约束引导要素资源的自由高效流动,提高要素资源结构化配置的弹性和活性。实现要素资源高效配置,就是构建形成以市场评价为导向的要素资源配置关系,促进要素资源向更高效、更先进和更前沿的领域集聚,为形成升级版、现代化的经济体系提供基础支撑。这是供给侧结构性改革的基本任务和目标。

"去产能、去库存和去杠杆"等诸多供给侧结构性改革内容就是面向要素资源高效配置目标的实践行动。去除要素资源的扭曲和低效配置方式,构建以市场机制为决定的长效和高效配置方式,就可以为经济稳定和持续发展建立基础支持和制度保障,为结构优化和升级建立基本面支撑,为持续的改革、创新和开放进程破除底层障碍、理顺基本关系和提供系统激励。

二 实现供给与需求协同升级

随着收入水平以及市场成熟度的提高,需求行为变化对供给行为的影响越来越大。以市场化为核心的经济转型中,需求量的增长与质的提升对产业升级的带动支撑作用愈加有效。可以说,需求因素逐渐主导产业创新升级。产品和服务的需求逐渐向精细化、个性化转变,以网络为平台的购买方式降低了交易成本和信息不对称，需求导向的产业生产和投资机制更加有力的引导产业结构、组织和技术升级。

面向需求变化和升级的供给侧结构性改革就是要通过"正本清源"，破除激励扭曲的调节机制，理顺供求链和产业链关系，更加重视质量和安全需求，增强市场交易信心，为产业发展和需求升级创造更大空间、提供更多机会。

供给侧结构性改革就是要通过供给效率和质量的提高，形成一种以人为本、以满足美好生活需要为根本目标的运行方式，能够为人民提供普遍和充分的市场产品、公共服务、社会保障和发展机会。供给侧不但应该为人民提供品优质高的产品与服务，而且应该为人民更加广泛的需求内容、更加丰富的行为空间以及更加适宜的外部环境提供条件和支撑。因此，供给侧结构性改革的重要目标之一就是在更高阶段和更高层次上实现供需协调与均衡，实现由低水平供需平衡向高水平供需平衡跃升。

三　实现创新驱动发展方式

在经济全球化形势下冲破产业链劣势困境，根本上必须依靠创新能力的提升以及创新成果的有效转化和应用。我国需要加快供给侧动力模式转换的突破，实现由物质要素投入、投资驱动为主导的阶段向创新驱动阶段转变。

创新是结构调整的源动力，可以为产业优化、产品升级、需求结构合理化、经济发展热点的形成提供根本动力和支撑。在加快推进供给结构调整过程中，淘汰消耗高、污染重、技术水平低的落后生产能力，推动工业化与信息化融合，走新型工业化道路，都需要以自主创新能力为基础加强技术改造，推动生产模式革新。大力发展战略性新兴产业已成为产业调整的重要方向，而依靠自主创新能力来掌握相关核心技术是其中的关键。

创新驱动是供给高质量化的基本特征。在新的阶段和要求下，供给侧结构性改革必须培育创新驱动动力机制，依靠创新在产业竞争中把握主动权，在新产业、新技术和新模式的探索中走在前列。"三去一降一补"根本上都需要创新发展的方式去化解、替代、填补和转换。创新并非仅仅是技术、方式和手段上的变革和提升,更是行动意识和理念上对新事物和新路径的探索精神。

四 实现供给结构与体系现代化升级

在经济发展领域,我国经济经历了由粗放式向内涵化、由扩张规模向提质增效、由忽视外部成本向注重生态环保、由加工制造向智化创造、由传统要素驱动向创新要素驱动的历史性转变过程。在经济多主题、结构性和系列化的调整和变革过程中,全球性的科技创新和产业革新也对每个经济体发展赋予了新的环境条件和竞争要求。当前,总体经济已进入科技化、网络化、智能化、生态化和创新化发展的实践行动之中。但是,总体经济向现代化体系转变和升级的系统性、协同性和自主性还需要有长足的发展和进步,供给侧领域的短板需要补齐、优势需要培育、结构需要升级、关系需要理顺、机制需要优化,从而在自主发展和全球竞争中更大程度地掌握主动权、增大话语权。

新时代下的供给侧发展需要面向现代化体系构建,把新型元素、要素和动力适时融入和嵌入到实际问题的解决、定向目标的实现之中。建设现代化经济体系需要从科学发展和可持续发展理念出发,强化科技创新支撑力和驱动力,把绿色环保和清洁生产作为实现手段和结果约束,提高技术、管理、组织、知识、信息与人力资本等新型生产要素的作用和效能,形成产业互动、融合与协同发展机制,推动产业整体向中高端化水平迈升,实现产业生态链和价值链向中高端跃升,最终构筑形成高效、完善的供给侧生态结构与系统。

供给侧结构性改革需要以建设现代化经济体系为基本框架和目标旨向,在生产要素禀赋、创新动力系统、产业生态结构上实现再造与升级,促进形成国际竞争力强、对外开放度高、富有创新活力的现代化经济体系。供给侧结构性改革一方面应使既有产业焕发新的活力、拓展市场范围和创造增值空间,丰富和完善产业构成与链条,促进不同产业主体之间供需关系和关联程度的深刻变革;一方面应催生新的产业形态和模式，加快互联网、大数据和人工智能等新一代信息技术应用与渗透，实现新技术、新产业、新业态、新模式发展的有机结合，促进形成高效的产业生态系统与机制。

第二节 供给侧结构性改革的内涵特征

比较而言，供给侧结构性改革具有深度和广度意义上的综合内涵和意义，既包含诸多实体战略的落实要求也表达了聚焦施力的领域和对象、手段和方向。通过制度层面的改革和长效机制的构建，以结构调整为基本途径，以创新驱动为根本方式，实现质量变革、效率变革和动力变革，建设以高质量为特征的现代化经济体系，是供给侧结构性改革的思想精髓和主旨思路所在。供给侧结构性改革的内涵可以通过高效化、科技化、绿色化和品牌化四大特征来进行描述和刻画。

一 高效化

高效化是供给侧结构性改革成果的集中体现。通过对供给视域下激励与导向机制的再构，供给侧结构性改革要最大程度获取生产要素的配置效应、产业产品的结构效应和市场供给的竞争效应，促进形成新型高效的供给侧发展机制和产出效应。

在激发和增强生产要素的配置效应上，供给侧结构性改革通过制度建设层面的约束和激励，促进低效资源的退出与转移，推动潜在资源进入供给系统，最大程度发挥优势资源经济价值。随着市场机制决定性作用的增强，生产要素在不同地域之间的加速流动，要素市场贡献得到充分体现，人力、技术、知识、管理和组织等要素的比重不断加大，要素禀赋、结构和质量不断升级。生产要素的再配置效应也将带来要素使用方式的变革、全要素生产率的提高，人工智能和服务型要素的发展范围和程度将得到不断拓展。

在激发和增强产业产品的结构效应上，供给侧结构性改革通过发展方式的调整和引导，有效化解过剩产能和过剩产品，淘汰或转移低端型、污染型以及资源耗费型生产能力，中高端产业和环保安全型产品成为有生力量，有效供给范围和能力不断扩大，供给结构与需求结构的适应度大幅提高。在结构性调整过程中，以创新和高质量为特征的产业和产品将成为供给发展的主流，产业链分工和协作效应更加凸显，新产业、新技术、新业态和新模式更富生机，产业生态结构和系统更加健全完善。

在激发和增强市场供给的竞争效应上，供给侧结构性改革通过高质量发展模式的支持和引导，以充分和平衡发展为目标导向，不断打破区域之间和城乡之间的市场分割与阻碍，促进产品市场与产权市场的供需流通，有效形成以质量为核心的市场竞争机制。通过市场优胜劣汰机制的充分发挥，各类供给主体加快贯彻新发展理念，适应个性化、定制化和多样化市场需求，在经营方式和供给模式加大创新，提高产品和服务附加值，面向国内需求和全球需求不断提升市场供给能力。

二 科技化

随着网络化、数字化和智能化发展，无论是传统供给主体还是新型供给主体都应加快科技支持系统的转换与升级，以产品（服务）供给为中心、以市场竞争为导向构建先进高效的科技生产与应用体系，实现人力与机器、硬件与软件、内部与外部之间的有效结合、对接和互动。战略产业、新兴产业以及绿色发展要求都对科技化为核心的创新行为产生了强大需求。开发和生产高技术含量、高附加值的新产品都需要科技创新及应用扩散的有力支撑。

围绕科技化发展路径，供给侧结构性改革将推动形成新技术开发密度高、技术扩散速度快和支撑能力强的生产与服务供给方式，依托科技创新和转化应用为市场需求提供新的内容组合和解决方案。各类供给主体以现代发展和竞争理念为指导，加快先进技术引入、渗透和扩散，构建适宜自身禀赋特征和竞争优势的科技支撑体系，以技术基础与协同为支持提高在安全清洁、个性化供给、需求反应等方面的供给水平。其中，各类供给主体更加重视新一代信息技术的应用与融合，推动制造与服务的智能化转换与升级，以数字化、网络化和智能化方式构建高效的供需反应机制。

以科技化为支撑的产业智慧化是供给侧发展的重要趋势。在供给侧领域，科技化与智慧化的有机结合是实现高质量、高效率、高标准、高效益发展的有效手段，有利于形成循环型、节约型、安全型和生态型供给模式。供给侧结构性改革将加快智能技术融合应用，使"智慧"模式成为转型升级、开拓空间的有力支撑，不断提升生产质效水平、需求反应机制和市场开拓能力。在新一代信息技术推动下，"新工业革命""数字革命""协同制造""个性化定制"等成为产业革新的重要考量。

三 绿色化

当前发展阶段，生态化、环保化和安全化成为经济社会的普遍要求。无论从产业升级自身需要来讲，还是从外部环境与政策方向来讲，绿色环保和生态安全的生产与服务方式将成为一种强大的生产力和竞争力。面向终端化、服务化发展方向，以市场需求和客户新型要求为导向，提供产品与服务为一体的"绿色"供给与解决方案，也将成为供给侧领域转变提升的重要方向。因此，供给侧结构性改革应深入贯彻绿色化发展理念，加强绿色化发展科技支撑，推动绿色化供给与需求的互动协同。

供给侧结构性改革将推动形成资源利用集约型、生产模式清洁型、环境生态友好型的绿色化可持续供给方式，更大程度地降低外部成本以及为外部治理提供支持力量，降低资源、环境和治理成本，促进人与自然和谐发展。绿色化发展方式不仅仅是高质量供给所追求的事后结果，更将提前嵌入到行为决策的前置环节，成为供给决策的重要考量。各类供给主体将加快环保和安全技术改造升级步伐，研发和提升所提供产品的环保安全性能和服务质量。

在制度设计和政策措施方向上，供给侧结构性改革将严格环保治理标准，硬化能耗对制造系统的约束，完善淘汰退出机制，增强信息披露制度效力；支持面向节能降耗的专项信息技术研发和应用，推动清洁生产理念在制造系统升级中的嵌入，加强信息技术在能效管理上的应用；倡导面向消费需求、生态环境"终端"的绿色生产，开展绿色产品、绿色工厂、绿色园区、绿色企业示范行动。

四 品牌化

品牌化效应既是实现供给侧高质量发展的重要模式也是供给侧高质量发展成果的生动体现。品牌的形成过程也是对供给侧高质量运行的检验和反馈过程。供给侧结构性改革将促进形成产品服务品牌化程度和市场信誉度较高的供给发展方式。拥有了品牌价值和影响力，发展主体就可以提高产业链、价值链和供应链整合能力，有效应对和化解市场风险，增强可持续运行和发展能力。在品牌打造中，供给主体将在引领市场竞争标准和产生较高附加值上争先发力。

供给侧结构性改革将围绕质量和安全要求，面向品牌化发展战略，优化和完善资源要素配置结构，大力支持技术升级、质控升级以及组织管理升级，健全品牌管理与运营体系，推进产品的高品质化、经营的高市场化，形成企业为主、政府支持、公共服务的品牌建设机制，持续提升品牌化发展支撑环境。品牌化发展需要建立在以创新能力为核心的综合优势塑造的基础之上，是供给竞争力体系化和系统化打造的结果。

面对转型升级要求和压力，各类供给主体将坚持服务化、终端化发展理念，重视向市场前端进发，不断提升产品链和服务链地位，构筑和放大品牌价值。为了满足市场与客户需求，供给主体越来越需要由产品单一化供给走向以结构化、服务化为内涵的综合解决方案提供，为产品服务一体化供给注入更多品牌和服务价值，不断增强品牌化竞争实力。无论是中间产品还是最终产品，供给主体都将通过品牌化方式构建以自身产品为终端市场的供需机制，走向市场竞争的前台前端，提高自身品牌价值在最终产品价值中的比重。

第三节 供给侧结构性改革的基本任务

供给侧结构性改革一方面要针对"三去一降一补"现实任务的

调整和化解，为供给主体减负担、增活力和提质效给予有力支持；另一方面要通过全领域和体系化的长效体制机制构建，为提升供给体系效率和质量提供基础性和制度性激励。"三去一降一补"既包含短期调整的任务也包含长效构建的目标，都需要通过体制、机制和制度的更优构建来进行解决和突破。各类发展主体要通过协同合力，聚焦影响供给侧发展的制度性障碍和弊端，理顺供给侧发展要素和支撑因素的互动关系，化解各类基础性、激励性和结构性矛盾，实现供给体系效率和质量显著提升。

一 深化要素资源供给领域系统化改革

以市场机制为导向促进各层次要素资源配置的充分竞争，破除各种牵绊要素资源流动的障碍，特别是缘于行政管制模式造成的要素流动牵绊，是供给侧结构性改革所要面对的基本任务。供给侧结构性改革应在统一市场的前提基础上，深入推动要素资源在区域之间和城乡之间的市场化配置，促进区域间、城乡间劳动力自由流动，推进公共资源均等化和均衡化供给；进一步建立和完善要素市场和产权市场体系，促进人力资源、研发成果在全国范围的自由流动和扩散转移；规范发展产权交易，健全产权交易规则，推动产权有序流转，保证产权价值有效实现，最大程度放大产权交易市场活力。资源性和要素性行业领域的进入壁垒要进一步降低或消除，加大基础性和公共性服务业领域的开放程度，建立各类市场主体机会均等的参与机制，降低要素资源错配和低配可能性，充分发挥要素资源的市场配置效应。

随着经济发展阶段的推进，供给侧发展所需要的要素资源支持也需要加快更新和升级，以支撑供给体系质量和效率的提升。

二 深化产业结构调整与体系升级

面向现代产业体系的建设，供给侧结构性改革需要抓住当前产业发展周期下全球产业革新、调整和分化的历史机遇，尽快通过创新驱动模式培育，有效解决产业升级滞缓、产能过剩、资源环境负荷过大等多重问题，在高质高效、安全清洁、高附加值、创新能力等方面获得全面提升，促进形成良性的和长效的产业发展机制。传统、现代或新兴产业都应该在新的技术经济条件下实现内部运行系统的改造升级，适应新的市场关系与交易方式，以创新能力为基础提升供给质量和水平，在开放竞争和共生机制中培养形成自身的核心优势。

科技创新与信息技术发展、面向需求升级的新型产品设计和服务创新使供给结构有了更丰富的内容。以数字化、网络化、智能化为特征的新一代信息技术应用与扩散，有助于重构产业系统内在的生态关系，促进不同产业主体之间供需关系和关联程度的深刻变化，推动产业生态化机制的优化与完善。在新的发展阶段，供给侧结构性改革需要以制造服务化为方向，进一步完善产业链条和市场环节，支持生产型服务业的现代化、专业化和高端化发展，推动三次产业融合发展，促进产业生态化分工与匹配；推动以服务为中心的产业模式转变，面向最终需求完善服务链条、强化平台作用，实现由供给主导向需求主导转变；推动不同产业主体加强协同、融合和互促效应，形成高效的共生共赢生态系统。

三　构筑对外竞争新优势

在新的技术经济条件下，主要经济体都在技术竞争和产业升级中竞相发力，产业的全球化配置和分工更加深化。供给侧结构性改革需要面向新一轮技术创新和产业升级的发展主题，以科技创新为支撑加快革新生产方式、加快升级产业技术、形成新产业增长点，不断推进供给体系现代化升级，在开放环境下强化自主优势、创新优势和竞争优势。供给体系发展通过培育比较优势积极融入和影响国际竞争格局，在全球产业分工演变中增强话语权和引导力。

构筑对外竞争新优势就要改变以往低成本和低价格、加工型和中间型（"两头"在外）的传统供给模式，通过对研发行为和创新扩散的有力支持，培养形成自主技术优势、产业供应链优势以及核心竞争力优势，构建内生型动力和外向型经济互促融合机制，加快向研发型、智造型、服务型和品牌型的强国优势转变。面向开放化的市场竞争，供给侧结构性改革必须把供给发展的重心放在内在优势培养和内在素质提升上，形成各类发展主体优势互补、协同创新的战略共识。

四　加强政府与市场高效协调与配合

如何有效处理和协调政府与市场的关系，是市场经济的重大理论与实践问题。更大程度的依靠市场作用是供给侧结构性改革的主要途径，是理顺发展关系、释放发展潜力的基础机制。供给侧结构性改革要充分发挥市场机制的决定性作用。

面向供给侧结构性改革的体制机制重构需要依靠市场机制的作用，进一步强化市场竞争在创新行为、经济增长和社会发展方面的作用和地位，进一步完善市场秩序和市场环境的法制和制度建设。只有以市场需求和竞争要求为导向，改革那些阻碍市场经济发展的体制和机制，才能为实现高质量供给提供基础性、机制性保障。供给侧结构性改革要在繁荣市场主体方面，坚持市场主导与政府引导相结合，构建国有企业与其他各类发展主体有效融合以及合作联盟机制，形成注重质量和效益的协同创新发展机制。

供给侧结构性改革需要不断降低经营成本、交易成本、行为协调成本和行政管制成本。随着职能的服务化转变，政府应该通过全面化、深层次、具体化的制度供给改革，有效满足各行各业发展的制度需求，在"降成本"和提升营商环境上取得实效，带动整体发展环境的综合转变，不断增强创新创业活力。

五　增强财政金融领域综合引导、支持与激励效力

供给侧结构性改革要加强财政金融系统对实体经济发展的支持，促使财政金融供给真正发挥要素资源配置、结构优化升级的激励效应，在"降成本""补短板"等领域发挥更大实效。在管理制度上，供给侧结构性改革进一步完善财政金融资源的预算管理、分配程序、审查评估等制度，在支持方向上加强与相关产业政策和目标的协调配合，对专项支持的使用情况进行全过程跟踪、监管和问效；实施财政金融资金的绩效评估和考核制度，以绩效评价为导向合理调整财政金融配置方向、结构和目标。

供给侧结构性改革要强化财税金融政策的疏通和引导作用,发挥对社会资本的引导效应,加大对重点和关键领域的支持和倾斜力度,推动供给结构优化升级。着眼于新的供给领域,财政金融制度改革要实施有利于新兴产业的财税体制机制以及构建支持新兴产业的金融政策体系,通过设立引导资金、扩大政府采购、定向金融支持等方式,来培育供给体系的新生领域。财政金融制度改革要更加有利于凝聚创新发展所需的人力和物质资源,鼓励长效型科研创新行为。

财政金融领域的政策制定应更加适应市场发展需求和竞争要求,对供给体系起到稳定器和加速器的作用,优化财政供给体系、完善金融市场构成,调节实体经济部门杠杆率至合理、可控水平,建立市场主体投融资自我约束机制,有效化解债务风险和市场风险。财政金融改革要调整和改进财政金融资源的使用方式,尽可能避免对供给体系正常运行产生无端影响和外部冲击;改变原来以直接补贴式和奖励式为主的产业推动和扶持方式,更多在初始条件优化和公共环境营造方面下功夫,避免导致对市场主体行为和产业竞争机制的扭曲效应。

第三章 财政金融推进供给侧结构性改革的作用机制

长期以来，财政承担着对经济社会发展的引导和保障功能，在优化国民经济结构、促进基础设施投资、保障社会民生等方面发挥了重要的支撑作用。金融作为现代经济发展的血脉，在扩大社会总需求、提升全社会资源优化配置等方面亦发挥了重大的推动作用。供给侧结构性改革的推进，需要财政金融的支撑和保障，更重要的是，需要充分协同配合财政金融合力作用，发挥政策有效性。

第一节 财政对供给侧结构性改革的作用机理

财政对经济社会发展具有引导和保障功能，在优化经济结构、促进基础设施投资、保障社会民生等方面发挥了重要的支撑作用。在企业转型发展层面，Parsons（2008）认为公司税减免能够直接导致高投资。Hall（1993）、Zou 等（2011）实证研究表明，结构性减税可有效促进企业研发资金投入。庞凤喜（2013）分析了国外激励中小企业科技创新的税收政策。但是，政府补贴政策对于企业创新的作用观点不一，部分学者认为存在"挤出效应"，[如 Leahy 和 Neary（1997），顾元媛和沈坤荣（2012）等]。关于财政是否有效地推动产业转型发展的研究结论并不完全统一，产生的作用也因产业类型的不同存在差异。Nadiri 和 Mamuneas（1994）的研究表明在美国，基于基础设施建设和研究开发的政府支出对全要素生产率的影响甚微。Karolina 和 Torstensson（1997）认为财税政策对高新技术发展所产生的作用具有不确定性。Bennis（2006）的研究却表明财税政策对高新技术发展具有负向效应。Kuttner 和 Posen（2002）针对日本 1976—1999 年财政政策对经济发展的影响进行了定量分析，发现减税和增加财政支出都能有效促进消费和第三产业的发展，且减税的产业结构效应更强。杨大楷和孙敏（2009）发现，公共投资产业发展的影响存在差异，其中，对第一产业影响最小，对第三产业影响最大。张同斌和高铁梅（2012）通过构建可计算一般均衡（CGE）模型表明，相比税收优惠，财政激励政策能够更加有效地促进高新技术产业的产出增长。中国人民大学宏观经济分析与预测课题组（2013）认为，财政支出和税收政策导致了新兴产业的产能过剩。储德银和建克成（2014）实证分析了税收政策以及财政支持对产业转型产生的不同作用。财政在供给侧结构性改革中发挥的作用表现在。

一 财政具有产业导向作用

财政可以通过乘数效应发挥其产业导向作用。通过财政支出规模和方向的变化可以调节产业发展的速度、效率以及各产业之间的比例和结构；财政支出的定点调控和定向补贴可以引导产业结构趋向更高级和更合理。通过差异化的税收政策调整企业利益关系、控制个人可支配收入，也可以间接实现产业结构调整的目的。充分发挥财政政策功能，有利于妥善降低过剩产能化解过程中的社会成本，积极推动支柱产业的产业链条升级和技术改造革新，大力促进新动能的规模扩张和质量提升。

二 财政能够引导社会需求

财政在引导社会需求方面的作用亦不可替代。积极的财政政策可以产生关联需求，财政通常投资于基本建设和民生项目，产生的关联需求会带动民间部门增加生产。在家庭消费意愿和企业投资意愿不足的情况下，财政政策在调控储蓄与投资之间的转化方面仍有不可替代的作用。与此同时，政府投资同民间投资的互补性越强，政府投资能够带动而非挤出民间投资的效果就越好，财政政策就更易促进经济有效平衡增长。

三　财政有助于优化要素供给

财政有助于持续优化要素供给。西方国家的财政支出政策更注重基础性、长期性以及外部性较强的领域，目的在于弥补市场失灵，优化要素供给，提高国家产业全局性能力，其财政支出政策重点支持科技创新、教育培训和节能减排。供给侧结构性改革过程中技术和人才供给方面的短板需要将财政短期激励和长期投入相结合。一方面，科技成果转化和人才素质提高、高端人才引进均需要财政政策倾斜和支持；另一方面，加大对基础研究、科技创新和职业技能教育等方面的资金投入，是保障技术、人才等要素能够长期稳定供给的必要前提。

四　财政有利于推进创业创新

财政有利于加快推进创业创新。由于技术具有外部性特征及公共品性质，而且创新活动的不确定性大、回报周期长，企业自主创新的动力往往不足。针对技术外部性带来的企业研发投入不足，可利用财政政策提供研发补贴或税收减免，使创新的社会边际收益等于社会边际成本，从而得到最优的社会创新投入。创业活动同样具有类似的外部性特征。创业活动具有促进社会就业、增加税收和创造财富等多项功能，但是对创业者而言，过高的创业失败概率却使其承担了较大的风险。

第二节　金融对供给侧结构性改革的作用机理

金融是经济运行的枢纽和现代经济的血液。金融政策在调控总需求、引导行业间资源配置、培育新动能等方面均可以起到积极的作用。金融具有提高储蓄—投资转化效率、增加投资（Merton 和 Bodie，1995），以及激发企业家精神、提高资源配置效率、促进技术进步（King 和 Levine，1993；Beck 等，2000；Levine 等，2000）等重要功能。随着金融在经济体系中的作用日益增大，有关金融支持企及产业转型发展的研究逐渐增多。企业转型发展层面，林毅夫等（2003）从宏观层面比较了直接融资和间接融资对企业创新的不同影响。Aghion 等（2005）从融资功能发现，由金融自由化带来的金融发展使得企业家更容易获得信贷，并有利于他们从事创新活动。Aghion 和 Howitt（2009）的研究表明，降低信贷约束可降低筛选和监督成本，从而能缓解代理问题，提高创新频率。何国华等人（2011，2012）就直接融资与间接融资对企业技术创新的作用的比较进行了研究，李汇东等（2013）检验了不同融资行为与企业创新之间的关系。解维民和方红星（2011）研究了金融制度在企业研发投入中的重要性。截至目前，绝大多数有关金融推动产业转型发展的理论和经验分析，基本上认同金融发展将便利资源要素流动以及提高资源的配置效率，并最终促进全要素生产率增长（Jayaratne 和 Strahan，1996；Rajan 和 Zingales，1998；Wright，2002；蔡红艳和阎庆民，2004；Jeremy 等，2013；Nahla 等，2015；易信和刘凤良，2015）。金融在供给侧结构性改革中发挥的作用表现在：

一　金融可促进社会总需求扩大

金融在扩大社会总需求方面发挥着重要作用。随着我国经济市场化水平的提高，金融对投资的支撑作用不断增强。在财政支出扩张面临瓶颈的情况下，通过金融政策降低企业融资难度，推进金融资源流入实体经济，能够有效助力新兴产业把握投资机会和传统产业完成技术改造升级。消费金融与经济增长具有同周期性，经济增长促进居民财富积累和消费支出，是消费金融发展的前提和基础；消费金融又会刺激消费，进一步促进生产和经济增长。而通过实施促进消费的金融政策，也可以扩大社会总需求，在经济下行的态势下保证社会总体需求的适度规模。金融政策的这一功能对解决供给侧结构性改革面临的需求动能不足问题至关重要。

二　金融可化解产业融资瓶颈

金融可化解融资瓶颈从而为供给侧结构性改革提供资金支持。新旧动能转换的主体是企业，资金在企业行为和发展中发挥着关键作用。由于市场不完全，特别是信息不对称和逆向选择的存在，企业获得外源融资的门槛较高，投资机会难以得到充分的资金支持。金融政策可以有效缓解信息不对称难题，通过政府向金融机构推介等形式，降低金融机构的信息搜集成本，为优质企业提供更低成本的融资机会。通过鼓励新兴产业企业上市融资，还可以进一步拓宽融资渠道，降低企业财务杠杆，为供给侧结构性改革创造良好外部条件。

三　金融有助于引导产业结构调整

金融有助于引导传统产业的结构调整。产业结构调整包括产业结构合理化和高级化两个方面。产业结构合理化表现为产业之间的数量比例关系、经济技术联系和相互作用关系趋向协调平衡的过程；产业结构高级化，又称为产业结构升级。在缺乏新的社会资金来源及相应机制的情况下，应以信贷政策引导资金增量的合理流向和存量重组，从而达到经济结构调整的目的。现阶段供给侧结构性改革仍需要大力发挥金融引导产业发展的政策功能，通过信贷窗口指导，调整信贷在不同行业间的投向，遏制产能过剩行业扩张和传统产业的过度投资，鼓励金融机构满足传统产业在落后产能淘汰、技术改造升级、节能环保、科研技术投入等方面的资金需求，加快传统动能的迭代升级。

四　金融有利于培育新兴产业

金融能够在培育新动能方面发挥引导作用。新技术的运用、新产业的发展、新业态的培育和新模式的推广，都需要大量的资金投入，上述活动在被市场主体广泛接受和被金融机构认可前，很难获得融资支持。金融政策则具有前瞻性的特点，通过出台引导激励措施，使金融资源投入经济发展中。通过鼓励企业研发和应用新技术，可以帮助企业更好地把握新兴产业投资机会，提升技术更替升级速度，实现新兴产业的跨越式发展。当前以传统产业和重化工业为主的经济结构更需要发挥金融政策在培育新动能方面的引导作用，适度分担创业创新活动的风险，加速金融资源向新兴产业流动，实现新动能的不断增长。

第三节　财政金融推进供给侧结构性改革的协同机制

目前学术界有关财政与金融的协同研究，主要是以西方经济学的凯恩斯主义与货币主义思想为基础，集中于对财政政策与货币政策协调性的研究，观点基本肯定了对二者协调配合的重要性和必要性。其中，主要集中于宏观经济影响层面，李扬（1999）探讨了20世纪90年代以来经济形势下的货币政策和财政政策之间的协调配合问题。胡金焱（2002）通过分析改革中两次经济衰退的不同宏观经济政策取向，对当时扩张性财政政策产生的效果进行了评价。王彬（2010）基于包含金融加速器的新凯恩斯主义垄断竞争框架，研究了财政政策和货币政策冲击对我国宏观经济的影响。吴超和秦亚丽（2011）强调了灵活运用财政金融政策工具的重要性，认为财政金融政策的搭配须与国内国际情况相适应。财政部财政科学研究所课题组（2012）评析了韩国经济发展各阶段的财政货币政策的效果，并对我国的宏观政策调整提出了借鉴。郭琪和王嫒（2014）对山东财政政策与金融政策的协调度进行了研究。然而，企业及产业转型发展层面相对较少，如陈志媚和杨德勇（2007）研究了产业结构调整中的财政金融协调配合的重要作用，指出财政和金融机构协调可通过财政与开发性金融互动机制的构建实现。郭晔和赖章福（2011）实证检验了货币政策和财政政策的区域和产业效应，并提出建议。

财政金融作为推进供给侧结构性改革的重要保障，包含多种政策工具，不同情境下各工具的政策搭配、作用效力、范围、时滞会存在差异，综合发挥财政金融政策的协同合力意义重大，本部分将在从财政收支联动角度界定财政机制，从系统功能论角度界定金融机制的基础上，归纳出财政金融协同推进供给侧结构性改革的四大作用机制，分别为投资激励约束机制、产业引导机制、成本降减机制和外部保障机制。

一 投资激励约束机制

企业是供给侧结构性改革的微观载体,通过影响企业投资决策实现政策目标,是财政金融政策协调推进供给侧结构性改革的重要机制。财政金融政策的实施可通过影响大众舆论氛围及企业家意识观念,激发企业推进供给侧结构性改革的热情,进而推进供给侧结构性改革。根据弗洛姆期望激励理论,财政金融政策对供给侧结构性改革产生的政策激励,可以通过影响企业期望价值,影响企业意愿和企业决策,进而对企业发展产生积极的影响。

二 产业引导机制

产业是供给侧结构性改革的聚集地,财政金融政策可通过鼓励引导新兴产业发展、改造提升传统产业而最终推进供给侧结构性改革。财政金融推进供给侧结构性改革发展导向的路径主要有专项财政收入和信贷支持。一方面,利用财政金融政策中产业发展专项引导基金以及构建产业发展融资平台,可以吸引社会资本共同支持产业发展;另一方面,财政金融出台专门针对创新、创新转型等的政策,可以有效鼓励产业发展,为产业引导提供必要保障。

三 成本降减机制

供给侧结构性改革成本降减的核心是显性或隐性的税费成本。财政金融政策协同可有效降低企业融资成本以及税费成本。财政金融协同推进供给侧结构性改革的成本降减机制,主要通过政策资金调控实现。理论上讲,金融政策主要影响企业发展的资金流入量和流入方向,通过银行信贷、直接融资等方式为经济活动提供金融资源,助力供给侧结构性改革。财政政策主要是借助税费政策影响企业发展的资金流出量和流出方向,税费减免政策的实施,必然降低企业发展成本,增加企业投资能力。财政金融协同发展,将带来企业经营成本的降低,有助于解决供给侧结构性改革资金难题。

四 外部保障机制

外部保障机制通过化解或降低供给侧结构性改革的外部性和潜在风险，从而对供给侧结构性改革起到积极的促进作用。一方面是通过降低社会成本的途径促进供给侧结构性改革。通过财政金融政策协同，降低供给侧结构性改革过程中所造成的企业破产和劳动者失业所带来的社会负面影响，促进土地、人才、资本等的优化重组；另一方面是通过加速信息传递的途径引导供给侧结构性改革。通过有针对性的窗口指导，出台差异性的产业扶持政策、信贷优惠政策等，引导各类社会资源流入新行业，鼓励新技术的研发和应用，最终推进供给侧结构性改革。

综上所述，财政金融在供给侧结构性改革中发挥着重要作用，二者缺一不可，需要充分发挥二者的协同作用，共同推进供给侧结构性改革。

第四章 推进供给侧结构性改革的现代财政体系框架

财政作为国家治理的基础和重要支柱,对推进供给侧结构性改革具有重要的支撑、引导和保障作用。通过构建现代财政制度的体系框架,可为供给侧结构性改革提供坚实的制度支撑和系统保障。

第一节 现代财政制度的内涵与特征

一 现代财政制度的内涵

现代财政制度,是以全面推进国家治理体系和治理能力现代化为逻辑起点和目标定位,以法治、分权、公平、效率为基本原则,通过科学规范、公开透明的财政收支及管理活动,对政府与市场、社会之间、政府之间、政府与纳税人之间的财政基本关系,进行科学厘定并有序治理的制度规则体系和整体互动系统。

二 现代财政制度的基本特征

(一)基础性与支柱性

现代财政处于政府活动的核心环节,可为有序有效的公共治理提供基本的财力支撑和制度保障。

一是现代财政为政府供给公共产品和公共服务提供基本的财力和制度保障,以解决市场失灵问题,更好发挥市场对资源配置的决定性作用。

二是现代财政是实现社会公正的制度基础。市场自发秩序会诱致收入分配结构失调,现代财政通过财政支出提供均等化的基本公共服务,为所有民众提供基本均等的公共消费,提高其参与市场竞争的实质可行能力,实现起点公平,同时,在收入方通过高收入者多纳税、低收入者少纳税的量能负担税制体系,合理实现结果公平。

三是现代财政是政府熨平经济波动的重要支柱。现代市场经济呈现周期性波动的基本特征,现代财政可依据经济风向与货币政策搭配,逆周期操作,相机择取紧缩或扩张的财政政策,实现宏观经济稳定。

(二) 系统性与结构性

从宏观层面看,现代社会治理体系是由政府、市场和社会协同共治的"三维"结构,财政处于社会治理系统的中枢。市场负责私人品的资源优化配置,政府负责公共品的资源优化配置,但政府与市场均会失灵,在此领域则是社会自我治理的范畴。现代财政制度通过完善的规则体系和刚性的制度约束,锁住政府干预市场竞争性领域的攫取之手(典型如税费征收权),彰显其为市场服务的扶助之手,消除政府的"越位""缺位"和"错位",打造有限有效的责任型政府;同时,现代财政制度可通过适度的财政支持和税收优惠,促进社会自治组织和非营利性事业发展,实现多元主体的共治共享。

从中观层面看,财政处于政府间责权关系的关键性要害。政府间的权力配置分为纵向配置与横向配置,纵向政府间关系以事权与财权的划分为核心,其深刻影响着政府行为的规范度和法治度,而横向政府部门间的财政责权划分,深刻影响着财政支出与政策的效率和实效。现代财政制度通过科学划分纵向政府间的事权与财权、支出责任与财力,可理顺政府间的分配关系,规范财政运行体制;通过科学配置政府各部门的财政责权,可使得财政支出和政策更加务实、更重实效。

从微观层面看,财政是政府与纳税人之间互动的基础联结点。现代财政制度通过税收体系可与纳税人产生直接而实质性的对话,税制对纳税人财产权干预的深度、税负在纳税人间分配的公平性、税收使用对纳税人的受益偿还性等，均会对纳税人的税收遵从和预算参与产生实际而重要的影响。税负分配结构的公正和财政支出受益结构的合理是现代财政制度建设的重要着力点。

（三）法治性与公平性

现代财政制度是现代法治体系的基础构成，财政法治原则而非财政行政原则是现代财税制度的基座。

在立法层面，不论是政府对市场、社会的整体事权，还是政府间事权与财权的划分，不论是预算管理的程序规则，还是税收负担的分配，均应有明确、清晰、权威的宪法和基本法依据，由纳税人代表机关决定，不由财税行政部门决定。而且财税法律本身应该是良好制定的法律，即公平地分配税收分担，科学地制定预算程序规则，公正地决定财政支出流向等。

在执法层面，应严格执行财税法律，践行财税法定主义，杜绝收"过头税"，坚持依法治税和量能课税，力求有税尽收，无税禁收，在财政支出上不论身份、区域、户籍等，对所有纳税人提供均等化的基本公共服务。

（四）效率性与实效性

现代财政制度的效率性与实效性，主要表现在：

一是财政收入的效率与实效。税收作为现代财政的主要来源，税收筹措注重税收成本的考量，通过涉税信息管理能力的不断提升，从税收立法到税收征收，税收征纳的成本不断降低，依法纳税的收益高于偷逃税的收益，加之现代税收制度对税负的分配相对公平，纳税人的税收遵从度也较高，使得现代税制体系在筹措税收收入的同时，还能发挥诸如调节收入分配、引导消费结构、导向资源集约和生态环保的政策调节功能。

二是财政支出的效率与实效。现代财政支出主要对公共领域的资源进行优化配置，公共资金的使用要进行投入—产出、成本—收益的综合分析，禁绝唯GDP崇拜的政绩导向和粗放型支出，全面考量每项公共政策的经济效益、社会效益和生态环保效益，并不断加大财政支出绩效考核、跟踪与反馈，使最大多数人切切实实地享受到公共服务的福祉。

第二节 西方发达国家财政现代化的历程与基本经验

一 西方发达国家财政现代化的历史脉络

西方发达国家财政现代化的生成是一个渐序推进的历史进程。在其发轫的重商主义时期（16—18世纪），王室权力通过出口退税、出口补贴、进口关税的财政壁垒体制，实施贸易上的"奖出限入"，以保持本国贸易顺差，最大化国库利益。但随着时间推移，各国林立的贸易壁垒阻塞了国际间资源优化配置的自由通道，限缩权力干预、扩容消极自由成为财政制度变迁的基本趋向。

随后，18世纪后期工业革命兴起所引致的经济繁荣，将以商业流通为重心的经济结构升级为以生产与流通并重的经济结构，"免于干预"的自由市场诉求"守夜人"财政体制的生成，财政的责任范围被限定于提供最基本的公共安全、秩序与公正裁判，市场竞争与自由价格范畴构成财政活动严格的边际约束，征税权被关进"无代表、不纳税"的法治笼子。

随着市场自发秩序的自由发展，到19世纪后期，小规模经济竞争逐渐演化为大规模经济竞争，经济短缺逐步让位于经济过剩，市场竞争结构与经济供需结构出现重大而深刻的变化，市场自发运行产生的一系列负面效应，如垄断、失业、贫富分化、环境破坏等市场失灵问题，诉求财政"有形之手"的适度矫正，而20世纪30年代蔓延西方各国的经济"大萧条"，革命性地将"守夜人"的中性财政体制催生为能动性的功能财政体制，财政的责任边界被拓宽和延伸，应经济波动而相机抉择的扩张或紧缩的调控型财政一时间成为备受各国青睐的制度选择。

市场权力与政府权力的两相构造是一种张力结构，垄断性的政府权力总是倾向于将自身最大化，正如市场不是完全自足的，政府更不是万能的，西方各国功能财政的过度运行最终导致20世纪70年代的经济"滞胀",随后 80 年代起新一轮自由市场导向的财政"瘦身"式改革应势推出,财政与市场的张力结构得以进一步平衡和优化,财政对市场的定位得以进一步矫正和完善,由此也释放出新一轮的制度变迁绩效和经济能量。

时至今日,西方发达国家市场服务型的财政体制已经确立,即便在当前变动不居的混合市场经济环境下,财政与市场的张力关系仍需适时、审慎和智慧的调整,例如 2008 年国际金融危机诱致的本轮全球经济重大而深远的调整,但现代财政制度在充分维护市场配置资源的决定性作用这一核心之点上不可撼动,其矫正市场失灵、优化资源配置、维护市场统一、促进社会公平、实现国家善治的体制框架已经渐序生成,其服务市场的责任型功能定位为国家治理能力的有效提升提供了实质而有力的支撑。

二 西方发达国家财政现代化的基本经验

(一)政府间事权与支出责任划分规范、明晰,为财政有序有效运行确立制度基础

政府与市场之间、各级政府之间的责权界定与划分,是财政体制确立与运行的基本前提和依据。现代西方国家大都以法律明定的形式进行政府间事权划分,以明确各级财政的活动范围和支出责任。在政府与市场的关系上,各国大都通过宪法与基本法的法治框架,明确规定政府的权力边界,除此之外,法不授权则无权,而对市场权力而言,则法不禁止即自由。

在各级政府之间的事权划分上,虽然单一制与联邦制国家在政府间职责分工上有所差异,但大都按照公共品受益的层次性和效率性,以法律明确规定各级政府应该承担的事权,为各级财政运行确立规范性依据。如美国联邦宪法规定,联邦政府的事权涵括国防、外交、宏观经济稳定与增长、维护社会稳定和促进社会发展等全国性公共品供给,州政府的事权包括调节收入分配、供给基础设施和公共服务、促进本州经济发展等联邦政府事权之外且未授权地方处理的公共事务,地方政府主要负责基础教育、地方治安、消防、地方基础生活设施等

地方性公共品,相应地,联邦政府的财政支出责任包括国防开支、退伍军人福利、邮政服务、社会保障与医疗保险、人力资源经费、物力资源开支、净利息等,州政府的财政支出责任包括基础教育、公路建设、医疗保健开支、州政府债务的还本付息等,地方政府的财政支出责任包括道路交通、治安、消防、教育、家庭和社区服务等。其中,州和地方政府共同承担的财政支出责任包括教育支出、公共福利支出、公共事业支出、公路建设支出、医疗保健支出、债务还本付息支出,例如教育支出通常占州和地方支出的37%,州政府负担26%,地方政府承担74%。

(二) 政府间财权与财力划分科学、合理,为各层级公共品的有效供给提供稳定的财力支撑

政府间财权与事权相匹配、财力与支出责任相匹配,是各级财政有效运行的基本保障。在以法治框架厘定政府的整体事权以及政府间的分级事权后,西方发达国家大都按照税源结构与税种属性,通过科学、明晰的财权划分确定各级政府的财力来源,以保障各级财政的支出责任。

以美国为例,在宪法与法治的框架下,在明晰了联邦、州与地方政府的事权与支出责任后,美国实行完全的分权分税制,基于税种的明晰划分,各级政府均拥有自身独立的税收立法权、税收政策调整权、税收管理权与税收归属权。其中,联邦政府的主体税种包括个人所得税、公司所得税与社会保障税,三税收入约占联邦财政收入的90%,辅助税种有关税、消费税、遗产赠与税与货物税;州政府的主体税种是销售税,辅助税种包括个人所得税、公司所得税、货物税、酒精烟草税、各种使用税等;地方政府的主体税种是财产税,辅助税种有销售税、个人所得税、使用税等。其中,部分主体税种和重要税种由各级政府按照税源共享、税率分享的方式征收,如个人所得税由联邦、州和地方政府共同征收,遗产赠与税由联邦和州政府共同分享,销售税则由州政府和地方政府共同开征。独立、明晰的财权与财力划分,为各级政府有效履行财政职能提供了稳定、可预期的财力保障。

(三) 政府间转移支付规范、透明，为区域间公共服务均等化确立有效的财力补偿机制

在完整意义上的财政分权体制下，一级政府、一级事权、一级财权，财权与事权相对应，财力与支出责任相匹配，各级财政相对独立、自求平衡。但在具体的财政实践中，由于区域间经济发展水平、财政支出规模、税源结构、税收征管能力等的差异，并非每一层级的政府尤其是基层政府都能实现财政自足，财政收不抵支的状况时有发生，由此使得政府间的财力流转通道得以打开，即通过转移支付制度实现各级政府间的财力平衡，以保障区域间公共服务的相对均等化。

由于财情税情的显著差异，西方各国的转移支付规模与结构存在诸多差异，但转移支付规范、透明、运作高效是其共同特征。以美国和英国为例，美国由于实行彻底的分税分权制，各级政府尤其是基层政府拥有独立的财权与税权，财政自足能力较强，弥补政府间财力缺口的一般性转移，转移支付的规模不大，转移支付大多通过专项补助与分类补助的方式为之，专项补助是联邦政府为实现特定目标而规定具体用途、项目（如节能环保）并要求州和地方政府配套的有条件补助，一般通过因素法或竞争法进行分配，约占全部转移支付总额的80%，分类补助是规定用途（如教育、健康）但不作具体项目限制的转移支付，以调动各级政府的财政积极性。而作为单一制集权型国家的英国，由于地方政府没有独立的税收立法权，只能征收收入规模有限的市政税和房产税，转移支付在中央财政支出中占较大比重，地方财政支出的约2/3要靠财政转移支付弥补，其转移支付的主要目标是实现政府间财力均衡，以保障各基层政府基本公共服务能力的均等化，一般性财力转移支付约占全部转移支付的90%。虽然转移支付的规模庞大，但由于财政决策与运行的民主度、透明度、问责化程度高，政府间财政转移支付的运行效率较高。

(四) 预算管理高度规范化、透明化，为财政有效治理提供刚性制度保障

在"分事"（事权划分）、"分税"（财权划分）、"分转"（政府间转移支付）的基础上，财政体制还涉及"分管"问题，即一级政

府一级预算，实现对政府支出与收入的有序有效管理。结合我国预算管理的现状与改革取向，西方国家的预算管理呈现出值得我国借鉴的规范化与透明化特征。具体而言：

一是实行全口径预算管理。西方各国不论是单一制国家，还是联邦制国家，对政府收支均实行全口径的一体化、规范化管理，将所有政府收支全部纳入预算体系，对所有政府支出项目尽可能详尽列明，对财政支出的规模测算明确，包括对税式支出的规模测算，对政府税收收入与非税收入（包括公债收入）的种类、规模明确列示，将政府的所有财政收支全部纳入公共预算口径下的"总盘子"，由纳税人代议机构进行实质性审批和整体统筹安排。

二是实行透明化预算管理。西方各国财政预算的规范化为透明化管理提供了基本前提，反过来，预算的透明化又进一步倒逼预算规范化。从财政立法到预算编制、从预算审批到预算执行、从预算监督到预算调整，预算管理的各环节除涉及国家机密的事项外，均按照公开、规范的原则向纳税人透析。总体而言，纳税人的税收负担及财政支出流向是一本"明白账"。

（五）税负分配注重量能负担，财政支出普遍倾重于民生福祉，纳税人的税负痛感较低

税收作为公共品供给的对价，源于纳税人对其私有财产的合法让渡，税收负担的痛感不仅来源于征税权对财产权"切割"的深度，也取决于税负在纳税人之间分配的公平度，而且与税收支用的公共性和民生性密切关联。西方各国的财税体制由于保障了税负分配的公平性和税收支用的民生性，纳税人的税负痛感并不高，并对纳税遵从和预算参与产生积极的正向激励。

在税负分配上，西方发达国家的税制结构以直接税尤其是所得税为主，所得税又以个人所得税为主，个人所得税实行综合累进课征，能够保证量能课税和税收公平，此与我国以累退性较强的间接税为主的税制结构显著不同。例如2011年，美国所得税和社会保障税收入占政府收入的比重高达69.7%；瑞士两税收入占政府收入比重为70.1%；加拿大为62.2%；挪威为70.8%；

德国为68%，而反观我国税制结构，个人所得税占税收收入比重长期维系在6%左右的低点，更遑论其占全口径政府收入的比重，流转税长期"一枝独秀"，2013年间接税收入占税收收入比重超过70%。因此，从税负分配的公平性上来说，西方各国以直接税为主的税制结构对纳税人产生的不公平感，要比我国以间接税为主的税制结构低得多。

在税收支用上，西方发达国家秉持福利财政理念，高税收、高福利成为财政运行的基本模式，财政支出结构普遍向民生福祉倾斜，践行了税收支用的非直接偿还性，公民纳税的"回报率"较高。从宏观税负水平看，西方各国的总体税负水平并不低，如英国税收收入与社会保障收入之和占GDP的比重平均约为36.58%，德国平均约为40.28%，法国平均约为44.91%。但从政府支出结构看，财政收入主要投向包括医疗卫生、教育、文化体育传媒、社会保障和就业在内的社会福利事业，如法国社会福利性支出占政府支出的比重高达70.08%；德国为68.84%；英国为67.92%；北欧三国（瑞典、丹麦和挪威）为72.36%。与之相比，2013年我国税收收入与社会保险收入之和占GDP的比重为25.19%，全部政府收入占GDP的比重则达到36.67%，但我国社会福利性支出占政府总支出的比重仅为40.51%；经济建设性支出占比奇高，达38.67%；这一占比在英国仅为8.76%。总体而言，西方各国税收负担的高受益偿还性降低了高额税负所带来的税制压迫感，这一点尤其值得我国深思。

第三节 我国现代财政制度构建的基本框架

十八届三中全会提出了建立现代财政制度的目标任务，基于现代财政制度的内涵特征，借鉴西方发达国家财政现代化的基本经验，结合目前我国财政制度现状，下一步我国现代财政制度的构建应包括以下几个方面。

一 建立现代税收制度

(一) 税制结构的优化

西方发达国家的税制结构分别经历了以古老直接税为主体的税制结构、近代以间接税为主体的税制结构、以现代直接税为主体的税制结构的变迁历程，自 2008 年国际金融危机以来，当代西方各国纷纷将增税的重心置于间接税之上，间接税的比重有渐趋提高之势，税制模式呈现出向直接税与间接税并重的税制结构变迁的基本趋向。我国税制结构长期以间接税为主，且引致诸多负面效应，如何通过税制改革逐步提高直接税比重，是我国税制结构优化的重要课题。

(二) 地方税体系的建设

现代分税制国家，地方政府大都有自己独立的税权体系、税制体系及税收收入体系，以为地方公共品的供给提供稳定、可预期的财力来源。自 1994 年税制及分税制改革以来，我国税权长期高度集中于中央，税制建设的重心被放置于中央税和中央地方共享税之上，地方税体系建设被长期搁置。在当前"营改增"倒逼新一轮税制改革、分税制改革的背景下，地方税体系建设被置于案头，如何通过进一步深化税制及征管改革、分税制改革，重构科学、合理的地方税体系，是我国现代税收制度建设的重中之重。

(三) 税费结构的调整

在现代财政制度下，西方各国的征税权与收费权被法治严格锁定，收费一般根据公共服务的受益原则进行，税收是财政收入的主要来源，但征税有严格的法定程序和规则限制，税费结构并非冲突。但在我国，由于税权高度集中于中央，地方政府无税收决定权，地方财政的"紧运行"迫使中央默许地方拥有"收费权"，导致我国地方收费规模庞大、种类繁多且不规范，税基被收费侵蚀，纳税人负担沉重，削弱减税政策的效应，并阻碍税制改革的进一步深化。如何进一步清费正税，优化税基结构，为深化税制改革腾出有效空间，也是我国建设现代财政制度需要正视的重要课题。

（四）税收法治的推进

现代税收是法治税收，税收优惠的出台需要通过法定程序进行公开、充分、审慎的论证，以保障税收的区别对待不违反税收公平的基本原则。但长期以来，我国税收法治不倡，税收治理的行政主导色彩浓厚，税收优惠的出台随意、粗放，区域性税收优惠过多过滥，导致税制"补丁打补丁"，且对税收优惠的实效缺少客观评估、跟踪与反馈，严重影响着税制的规范及降低税率、拓宽税基的深化改革。同时，任务治税的实际存在，也阻碍着依法治税与税制改革的推进。如何全面清理、规范、整合税收优惠，摒弃任务治税模式，也是我国建设现代税收制度的题中之义。

二 建立现代财政支出制度

（一）财政支出的范围与规模

从理论上讲，现代财政是公共财政，财政支出的定位在于提供公共产品满足公共需求，以矫正市场失灵。但在变动不居的现实实践中，纯粹公共物品的范围较小，绝大多数是准公共产品，并存有诸多政府财政治理、市场价格治理和社会自我治理的交叉与中间地带，如何确立科学、缜密的论证评审机制，科学、合理的界定现实语境中的财政支出范围，确保财政支出的"到位"，避免财政"越位"和"缺位"，是现代财政制度实践的基本议题。

另外，如何科学划分政府、企业和居民个人在国民财富"蛋糕"分配中的比重，根据经济社会发展状况，合理确定财政规模，既保障政府的公共服务能力，又抑制财政规模的不合理增长，消减财政规模过大对市场和社会自我治理的挤出效应，也是现代财政有效治理的重要维度。

（二）财政支出的结构

现代财政是纳税人财政，财政资金来源于纳税人让渡的税收，财政资金的使用也最终以提供公共物品的形式偿还于纳税人。但政府本身的运转、调节收入分配、保障民生福祉、实现经济稳定与增长都要消耗财政资金，不同的财政支出侧重导致不同的财政支出结构，也导致纳税人不同的受益结构,如过多的行政性支出和经济建设性支出不仅会挤占民生支出的份额,也会削减纳税人的纳税受益感,进而影响纳税遵从度。因此,如何确立合理的财政支出结构,保障财政支出的效率和实效,对现代财政制度运行而言也至关重要。

(三) 财政支出的方式和绩效

在既定的财政支出范围、规模和结构下,如何通过创新财政支出方式,灵活运用各种财政支出工具和手段,全面提高财政资金使用的效率和绩效,保证有限的财政资金用在"刀刃"上,并发挥财政资金"四两拨千斤"的杠杆撬动功能,是推进现代财政制度建设在管理层面上的重要课题。

三 建立现代预算制度

(一) 全口径预算管理

现代财政是公共财政,所有政府收支均应纳入公共财政预算的盘子,由纳税人代表进行合法性、合理性审议,并在有效供给公共品层面上进行整体统筹。但长期以来,我国公共财政预算的盘子较小,并未能涵括所有的政府收支,在公共财政收入之外,存在规模庞大的无需审批、不可统筹的政府性收入,如政府性基金收入、社会保险基金收入、国有资本经营收入、政府性债务收入等,由此不仅导致宏观税负判定的标准不一,也导致地方政府的财政紧张与财政膨胀、财力浪费并存,扭曲地方财政行为,弱化纳税者主权。如何通过深化体制机制改革,破除政府内部既得利益格局的困囿,破解长期制约我国预算现代化的"老大难"问题,实现公共资金的全口径、一体化管理,是我国现代财政制度建设的基本任务。

(二) 透明化预算管理

财政透明是国家治理体系和治理能力现代化的重要标志。政府本身不生产财富,其财政收入来源于纳税人让渡的税收,扣除最低限度的政府运转支出外,全部财政资金应回馈于纳税人的公共需求,为保障财政的公共性品质,财政收支、管理与运作的过程必须是透明的、可视的、易读的、可控的。长期以来,在政府预算管理格局极不规范的状况下，政府收支的各种"乱象"被消散于公共视野之外，除规范性税费收入之外，各色收入（预算外收入、制度外收入）名目繁杂，财政支出政策"政出多门"，其合理性与实效性不甚明了，导致财政规模日益膨胀，财政绩效的提升却非显著。如何通过体制机制创新的有效举措，以财政透明度倒逼财政规范度，以财政规范度力推财政透明度，是我国现代预算制度建设两大最为基本的互动课题。

四　建立现代分税制制度

（一）事权与支出责任划分

从纵向看，现代财政制度是分级分权制度，"分事"与"分税"构成现代财政治理制度基础。其中，事权划分是财政运行的基本前提，无明确的事权则无明确的支出责任，政府财政收支即是一本"糊涂账"。事权划分首先是政府对市场、社会的整体事权划分，其后是各级政府间的分级事权划分，进而为各级政府的支出责任划分确立依据。长期以来，由于缺乏明确可依的事权划分"清单"，我国各级政府间的支出责任不明，财政"越位""缺位""错位"以及政府间"讨价还价"和相互推诿的现象时有发生，财政运行呈现不规范、不协调、低效率的现实格局，使得在法治框架下尽快出台科学、明晰、规范、可操作的政府间事权"清单"，成为全面推进现代财政制度建设的首位任务。

（二）财权与财力划分

财权与事权相适应、财力与支出责任相匹配是现代分税制财政体制的核心内容，"分事"之后，对应的是"分税"。"分税"包括财权划分和财政收入划分，具体包括税费立法权、税费政策调整权、税费征管权、税费收入归属权等，并非仅限于狭隘的税收收入分享。自1994年分税制改革以来，我国税权高度集中于中央，地方仅拥有有限的税收征管权和税收归属权，且近年来有逐步上收之势，例如2002年所得税分享改革和当前"营改增"改革，同时由于政府间明确的事权"清单"缺失，各级政府间的财力配置也难以规范化和稳定化。在明确划定事权与支出责任的基础上,科学合理地进行财权与财力划分,以为各级财政有序有效运行提供稳定、可预期的制度和财力支撑,是现代财政制度建设的重要内容。

(三) 政府间转移支付

除"分事"和"分税"外,政府间财政关系还涉及"分转"的问题。由于各地经济发展水平、税源结构、税收征管水平、财政需求的不同,各级财政在相对独立、自求平衡的基础上,财力薄弱地区会存在一定的财政缺口,为保障区域间基本公共服务均等化,上级政府对下级政府的转移支付即成为必然。近年来,由于我国事权与财权划分不明确、不规范,财力逐渐上移,支出责任逐渐下移,由此产生的财政"剪刀差"使得地方财政尤其是基层财政持续"紧"运行,并进而导致上级政府对下级政府的转移支付规模日渐庞大,但由于我国政府部门间的横向财政责权分配过于分散,各政府部门掌握过多的财力,使得上下级财政转移更多以专项转移支付的方式进行,一般转移支付的规模偏小,难以有效弥补基层政府的财力缺口,并进而诱发地方政府的土地财政、举债财政、收费财政等一系列重大问题。如何通过财政权力的科学配置,在财权与事权相对应、财力与支出责任相匹配的基础上,有效清理、整合、规范政府间转移支付,加大一般性转移支付规模和比重,有效降低专项转移支付规模和比重,实现各级财政的财力平衡,是构建完善财政制度的基本方向。

第四节 推进供给侧结构性改革的现代财政制度体系框架

一 总体目标

推进供给侧结构性改革的现代财政制度体系框架的总体目标是:建立与治理体系和治理能力现代化相匹配的责权明晰、规范透明、公平法治、运行高效的现代财政制度。

财政作为国家治理的基础和重要支柱,财税体制处于国家治理体系"金字塔"的基座位置,是涵摄经济、政治、文化、社会和生态文明建设的综合性范畴,科学的财税体制对于完善政府、市场与社会的协同治理结构，调动中央与地方及地方各级政府的积极性，调动纳税人的积极性，发挥市场配置资源的决定性作用、社会自我治理的协同作用和更好发挥政府作用，对于优化资源配置、维护市场统一、促进社会公平和实现国家长治久安，具有基础而重要的意义。

全面深化财税体制改革，应按照法治、分权、透明、公平和效率的基本原则，建立健全以责权明晰的现代分税制制度、规范透明的现代预算制度、公平法治的现代税费制度和结构优化、运行高效的财政支出制度为核心的现代财政制度，以全面对接和匹配治理体系和治理能力的现代化。

二 全面深化财税体制改革的基本思路

（一）分税制改革：建立事权、支出责任与财力相匹配的财政体制

一是明确事权"清单"，厘定各级政府的支出责任。在划定政府、市场与社会的活动边界基础上，明确划定各级政府的事权范围和支出责任。按照公共品层级性和效益外溢性原理，在厘清中央和地方事权与支出责任的基础上，对各级政府的事权范围和支出责任进行明确划分。凡效益外溢性较低，信息传递成本高，本土特色强，适合由下级政府承担的事项，尽可能交由下层政府尤其是基层政府承担；对于效益外溢性程度高，涉及跨区域、流动性的公共品，则应由较高层级政府承担，例如基础教育、基本医疗卫生、社会保障、交通建设等涉及纳税人基本生存权和发展权的事项，应主要由中央和省级政府按项目或比例承担。对此，应在充分论证、评审过关的基础上，出台规范各级政府事权范围和支出责任的明确"清单"。

二是合理划分财政收入，为各级公共品供给提供稳定的财力支撑。在"分事"的基础上，应对各级政府进行"分税"。应根据各级政府事权范围和支出责任划分对现实财力的需求，结合不同财政收入的财源属性和调控功能，合理配置政府间的收入归属及权限划分，明确各级政府的独享收入和共享收入，并以规范性的方式稳定共享收入的分享比例，并从财量上保障经济发达地区较为宽裕的财政自足能

力,为本级公共品供给提供稳定的财力支撑。

三是完善转移支付制度,为基本公共服务均等化确立有效的财力补偿机制。在"分事"与"分税"的基础上,应建立规范、透明、合理、高效的政府间转移支付制度,通过政府间的财力"分转"实现各级财政的平衡,保障区域间基本公共服务均等化的实现。政府间的财力缺口原则上通过一般性转移支付进行弥补,重点增加对革命老区和贫困地区的一般性转移支付,并完善一般性转移支付的增长机制。全面清理、规范、整合专项转移支付,取消竞争性领域专项转移支付及地方资金配套,严格控制引导类、救济类和应急类专项,将属于本地公共事务的,划入一般性转移支付的范畴。

(二)预算管理制度改革:实现真正的"全口径"、高质效和动态化

一是以规范力推透明,以透明倒逼规范,逐步实现全口径预算管理。预算规范是预算透明的前提,先规范、后透明,是预算管理体制改革的实施基础。针对当前预算管理公共财政预算、政府性基金预算、社保基金预算和国有资本经营预算四类预算单轨运行的现实格局,改革的基本方向是将四类预算归并纳入统一审批、统筹安排的公共预算的"总盘子",真正实现公共资金的"全口径"管理,将财政资金的收支及管理全面公开透明化。

二是建立健全跨年度预算平衡机制。随着预算审核的重心由收支平衡状态向支出预算和政策拓展,收入预算由强约束性转为预期性,传统年度预算的平衡状态被打破将成为常态。为此,应建立健全跨年度预算平衡机制,实行科学、合理的中期财政预算管理。严格规范超收收入管理,原则上不安排当年支出;在控制年度赤字总规模的基础上,对年度预算超赤字,建立合理、可操作的跨年度补偿机制,将周期长的发展类、民生类项目实施跨年度管理,预算部门应每年上报三年期预算项目内容,并将当期预算收支计划与后两年预算实现跨期统筹,以增强预算管理的科学性、前瞻性和可持续性。

(三)税收制度改革:着力于优化税制结构和完善地方税体系

一是进一步清费正税,优化税基结构,提高税收收入占财政收入

比重。

一方面，大力清理、规范、整合与地方性税收交叉、重叠的收费。典型如房地产类收费、资源环境类收费等，着力清理、优化税基结构，为房地产税改革、资源税改革、环境税改革打造宽松良好的税收环境。降低纳税人的社会保障缴款负担，着力降低基本养老保险单位缴费费率，将缴费比例统一降低，综合分类下调，加快推进基础养老金全国统筹；另一方面，深度清理有违市场服务型政府定位的各类收费。实施涉企收费目录清单管理，深化推进政府非税收入和财政票据管理电子化改革，全面实行"以票管费"，构建省市县三级联动的政府性收费"一张网"，停征、降低包括价格调节基金、育林基金、能源基金等在内的各项收费，大力清理、降低涉企经营服务类收费、金融服务类收费、交通物流收费和保证金等收费，切实降低纳税人的费类负担。

二是全面提高涉税信息管理能力，延展税基网络，提高直接税收入占税收收入比重。依托"大数据"建设，以全面提高涉税信息控管能力为突破口，健全税收保障机制，强化涉税信息共享，推进部门联合办税，完善政府各部门协税护税措施，塑造完整的大数据信息链，深入推进"大数据"的政府采购改革，破除部门利益的自守格局，形成常态化、互动性的协同机制，强化涉税信息的集中归并和共享利用，实现对隐匿、虚拟、分散税源，尤其是多元化收入税源的综合、归户管理，全面提升信息控税入库的规模和能力，并为综合与分类制个人所得税改革、房地产税改革、遗产税开征确立坚实有效的征管基础，以便在改革启动时抢占财政收入增长的先机。同时，强化依法治税征费，严禁通过收"过头税（费）"、违规调库等手段虚增收入，提高税收收入质量。

三是全面清理、规范、整合税收优惠，减少税基侵蚀，为有效降低税率铺设基础条件。以产业结构优化和公平税负为导向，全面清理、整合税费优惠，尤其是区域性税费优惠，维护市场统一和公平竞争；严格贯彻落实国家清理规范行政事业性收费各项政策措施，清理、取消不合理中介组织和社会团体收费，为调低名义税率、引导税收增长、拓宽税基腾出有效空间；通过科学估算和扎实的实地调研，全面评估各项税费优惠的减负规模和实施效果，建立税费优惠的税前预测、税中跟踪和税后反馈机制，确保政策实施具有较强的前瞻性、导向性和实效性。

四是结合税制改革，深入完善地方税体系。在目标设定上，地方税系构建应紧密切合现行税制结构及税源结构的实际。税制改革通常是"两害相权取其轻"的选择，地方税系重构不应完全盲从固有理论或发达国家的既有经验，应在尊重税收规律的基础上，结合税源结构与税收征管能力，分为短期和中长期目标稳妥推进，短期可能仍然会由间接税承担主体税种，但随着直接税改革的逐步推进，将逐渐由间接税与直接税并重的税制结构，最终转变为由现代直接税如房地产税作为主体税种的现代地方税体系。在税种选择上，应全面考虑税收筹措收入与调节经济的整体功能。地方税体系建设首先应考虑地方财力供给问题，全盘考虑地方税收体系的总盘子及其对地方财政的贡献度；其次应充分考虑地方税对当地经济、社会发展的调节能力，优化产业结构和需求结构，如资源环境税；再次应将对地方政府行为的正向激励纳入地方税体系建设中来，例如房地产税和零售税，以矫正地方政府的粗放发展行为和短视行为，引导其更加注重地方经济社会可持续发展的质量和效益。

（四）财政支出改革：稳定规模、调整结构与提高效率并重

一是以稳定税负来稳定财政支出规模。实际上，不论是单一制国家还是联邦制国家，控制政府规模均是其一再遭遇的"老大难"问题。对于我国而言，可通过"稳定税负"来控制财政支出规模，此处所谓的稳定"税负"是指大口径的宏观税费负担，即政府从纳税人处以各种形式筹措的各类收入。通过稳定税负求得政府支出规模稳定，稳定政府支出的增幅及现行政府支出占GDP的比重，并使其不再扩大和提升，是稳定财政规模的可行选择。

二是财政支出进一步向民生福祉倾斜。在以稳定税负求得支出规模稳定的基调下，应进一步优化财政支出结构，压减一般行政性支出和经济建设性支出比重，提高民生福利性支出投入规模及其比重。应

彻底摒弃唯 GDP 导向的粗放发展模式，抛弃沿袭多年的通过上项目、铺摊子和扩大投资来发展经济的旧思路，将政府绩效考核的重心由经济建设的"硬指标"转向更加注重民生福祉和生态环保的"软指标"，有效偿清长久以来的民生欠账。

三是以财政支出方式创新促进产业事业蓬勃发展。在稳定财政规模和优化财政支出结构的改革语境下，应更加注重财政支出的效率和实效，将有限的财政资金恰如其分地用在"刀刃"上，以切实发挥财政优化资源配置、维护市场统一、促进社会公平和实现国家长治久安的整体功能。具体而言，可通过建立健全财政资金的进入、退出与监管机制，创新财政支出方式，结合财政支持对象的性质和特点，通过综合、灵活运用以奖代补、财政直补、股权参与、财政贴息、产业发展引导基金、创业投资引导基金、风险补偿基金等多种财政方式，遵循经济规律，通过财政支持、鼓励与引导，充分调动市场和社会参与的积极性，拓宽、加深财政与市场、社会联动的广度和深度，重点支持产业、科技、教育、医疗、卫生、文化等关键领域和民生领域，通过财政效率提升，有效促进产业事业发展。

四是以财政绩效化管理为主线全面创新财政管理机制。在财政管理机制创新上，构建以结果为导向的预算绩效目标管理、预算绩效评价与绩效评价应用"三位一体"的绩效管理模式。在预算绩效目标管理方面，应该根据经济社会发展的一般规划、部门职能、客观公共需求，科学、合理地确定支出政策与资金需求，并提出明确、细化、可操作的衡量目标，由财政部门对绩效目标设置的科学性、相关性、可行性、合理性进行评估，预算经人大批准通过后，绩效目标作为预算单位预算执行事中监控与事后评价的基本依据。在强化预算绩效评价方面，应完善绩效目标的全程跟踪监控机制，发现预算执行实际状况与绩效目标偏离时，应及时纠偏，预算执行后，应形成预算绩效报告，由财政部门复核，并积极引入专家学者库、第三方评价库等机制对重大项目和支出进行综合绩效评价。在强化绩效评价结果应用方面，应确立完善的绩效评价报告制度，将绩效评价的结果作为及时纠偏预算执行、改进预算安排、合理配置资金的重要参考依据，以切实增强预算绩效评价的实际应用价值。

第五节 推进供给侧结构性改革的现代财政政策调控体系框架

一 目标定位：不越位、不缺位、不错位

在目标定位上，明确财政作为国家治理的基础和重要支柱，对供给侧结构性改革的支撑、引导与保障作用，做到不越位、不缺位、不错位。其中，新旧动能转换是供给侧结构性改革的核心，也是财政政策施力的主攻方向。在市场对新旧动能转换起基础性和决定性资源配置作用的领域，财政政策应全面退出，做到不越位干预；在新旧动能转换的市场失灵领域，财政政策应充分跟进，发挥财政对新旧动能转换的公共支撑作用；在新旧动能转换方向引领上，财政应摒弃"一刀切"式的总量刺激政策，通过差异化、结构性的政策体系，精准引导要素资源流向动能转换薄弱环节和新动能领域；在新旧动能转换风险防范上，应按照分类、分级的原则，按照动能转换风险点的不同类型和特点，建立应对准确、化解有力的财政保障机制。

二 供给侧动能转换：对产业"增量崛起"与"存量变革"双向施力

作为供给侧结构性改革的重要内核，供给侧动能转换是结构调整的重头戏。在基本着力点上，财政应瞄准新旧动能转换的核心领域和薄弱环节，对产业"增量崛起"与"存量变革"双向施力，以"去、保、扶"的协同政策体系，通过有保有压、有扶有控的结构性发力，力促供给体系新动能迸发。一是通过全面、深度清理落后产能、无效产能的财政投入政策，加大资源环境税费倒逼力度，加快促进"僵尸企业"的市场化出清，将有限的财政资源、生产要素资源转移到新旧动能转换的高效领域；二是通过大力支持传统产业与支柱产业技术改造、产业融合、业态和模式创新，推进存量变革和结构优化，升级转化新动能；三是通过着力支持战略性新兴产

业、生产性服务业、生态高效农业发展,培育新供给,蓄势新动能,推动产业增量崛起。

三 需求侧动能转换:推动"有效投资"与"消费升级"互促互进

在需求侧动能转换上,应坚决摒弃长期依靠规模投资和刺激消费为主的传统总量扩张模式,以新动能培育为指向,推动"有效投资"与"消费升级"互促互进,抑制低端、无效需求,增加有效需求动能,实现中高端供需结构优化。一是从新投资需求动能看,在现代互联网经济勃兴、商贸交往便捷化和生态环保共识化的发展趋势下,财政可发挥"四两拨千斤"的资金撬动作用,加大信息通讯基础设施、现代化基础设施和绿色领域等投资,加快建设"智慧省份""通达省份"和"绿色省份";二是在新消费需求动能上,可通过有序推进以人为本的新型城镇化,促进养老、文化、旅游、健康、信息等品质化、体验性消费,加快培育消费新动能;三是在外部需求新动能上,可通过促进服务贸易、高附加值产品出口、对外投资等,充分挖掘两个市场、两种资源的动能潜力。

四 微观层动能转换:"降成本"与"促创新"两端发力

在微观动力激发上,应充分尊重和发挥企业、企业家的市场首创精神,瞄准当前制约企业创新发展的要素约束,通过降成本与促创新的双向合力,深度激发创业创新活力。一是应通过加大结构性减税降负力度,下大力深度清理行政事业性收费、政府性基金负担,下调社会保险费负担,降低财税优惠政策的受益成本,切实降减企业税费成本;二是通过财政贴息、担保、风险补偿和政府采购等政策,发挥财政资金引导作用,将资金流引向中小企业,降低创业创新融资成本;三是搭建公共创新平台,强化"四新"载体建设,创建人才实训基地,通过财税政策优惠,鼓励引导企业引进高端人才和创新团队,破解人力资本约束。

第五章　政府引导基金对供给侧结构性改革的影响与路径

第一节　政府引导基金对供给侧结构性改革的影响

大力推进政府股权引导基金的发展，对于深入推进供给侧结构性改革具有多方面的积极意义。

第一，政府股权引导基金能够充分发挥财政资金的杠杆作用，为供给侧改革提供有效资金支持。政府股权引导基金按照市场化机制运作，政府只负责日常监管，引导基金运行由专业化团队负责，提升了资金使用效率；并且政府股权引导基金的财政资金可以循环利用，实现滚动式发展，即引导基金通过企业上市、并购重组、股权转让等方式退出并获得合理回报后，原则上继续用于支持私募股权投资基金发展。因此，政府股权引导基金借助财政资金的杠杆作用和循环功能，达到了以点带面的效果，在资金运转层面为供给侧改革提供持续稳定保障。

第二，政府股权引导基金通过聚集大量社会资本重点支持战略型新兴产业、高端装备制造行业、高科技创业中小型企业、现代农业、传统产业转型升级等领域，这有助于我国企业从产业链低端迈向中高端，优化产业结构，促进产业升级，与我国供给侧改革的重要内容相衔接。因此从政府股权引导基金扶持的行业领域来看，无疑推动了我国供给侧改革的快速发展。

第三，政府股权引导基金有助于提高供给侧结构性改革的灵活性和适应性。供给侧结构性调整需要顺应需求结构的发展变化，引导基金的投资领域也善于追踪新行业、新变化，深度参与产业转型变革。因此，大数据、云计算、无人机制造、工业4.0等符合供给侧发展内涵的领域都得到了政府股权引导基金的布局，形成了引导基金与供给侧改革的联动效应。

第二节 我国政府引导基金的发展历程与现状

一 政府引导基金的概念界定

政府股权引导基金是经济新常态下的一个新生事物，从中央层面来看尚无官方的准确定义，在各级政府的实践探索中关于"政府股权引导基金"的叫法也不完全统一，例如重庆市和吉林省叫作产业引导股权投资基金，上海市和贵州省叫做创业投资引导基金，山东省叫作省级股权投资引导基金。虽然各地方政府关于引导基金的名称不同，但本质上是一致的，即本书所研究的政府股权引导基金。

政府股权引导基金相对规范的定义是指由政府出资设立并按市场化方式募集运作的政策性基金，一般情况下政府股权引导基金的资金来源分为财政出资和社会募集两大部分，引导基金的投资管理模式为：政府引导、市场运作、防范风险、滚动发展。

二 政府引导基金的基本概况

根据清科私募通数据显示，截至2019年2月28日，我国的政府引导基金数量达到2108只，管理机构数量达到1807家，这其中包括基础设施投资引导基金创业投资引导基金和产业投资引导基金（见图5—1）。政府引导基金的总募资规模高达3.92万亿元，总目标规模为11.92万亿元，机构平均管理规模为21.68亿元。近年来，我国政府引导基金的发展速度迅猛，尤其在2015年、2016年两年时间内呈现出几何式增长，据统计在2015—2019年2月的5年时间里，共设立1589只政府引导基金，这一数量占2000年以来总体数量的78.35%。2017年之后政府引导基金的设立数量和基金目标规模均出现不同程度的下滑，基金数量进入较为稳定发展水平。下表5—2为

2018 年我国政府引导基金的前十强：

表 5—1　　　　　2012—2018 年我国政府引导基金发展趋势

时间（年份）	基金数量（支）	目标规模（亿元）
2012	179	1761
2013	214	2094
2014	269	6101
2015	551	22908
2016	1062	44031
2017	1166	53125
2018	1171	58546

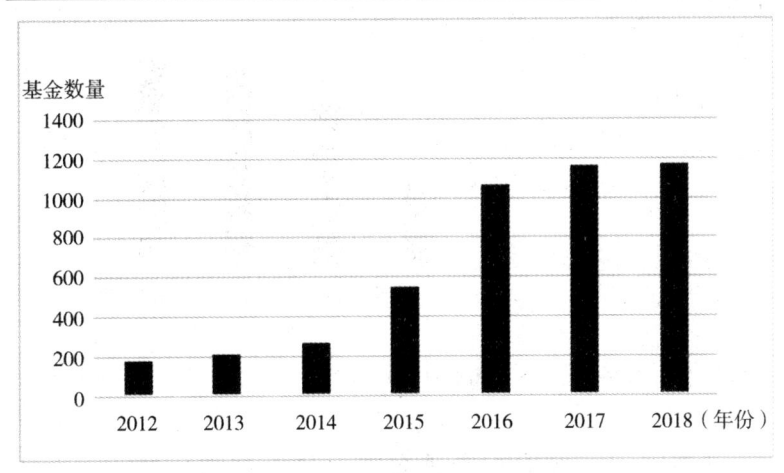

图 5—1　2012—2018 年我国政府引导基金数量（单位：支）

表 5—2　　　　　　　中国政府引导基金十强

排名	基金名称	管理机构名称
1	深圳市引导基金	深圳市创新投资集团有限公司
2	山东省股权投资引导基金	山东省财金投资集团有限公司
3	湖北省长江经济带产业基金	湖北省长江经济带产业基金管理有限公司
4	厦门市产业引导基金	厦门市创业投资有限公司
5	浙江省转型升级产业基金	浙江金控投资管理有限公司

续表

排名	基金名称	管理机构名称
6	北京市战略性新兴产业创业投资引导基金	北京北咨投资基金管理有限公司
7	重庆市产业引导股权投资基金	重庆产业引导股权投资基金管理有限公司
8	北京市中小企业创业投资引导基金	北京市中小企业服务中心
9	上海市创业投资引导基金	上海科技创业投资（集团）有限公司
10	上海嘉定创业投资引导基金	上海嘉定创业投资管理有限公司

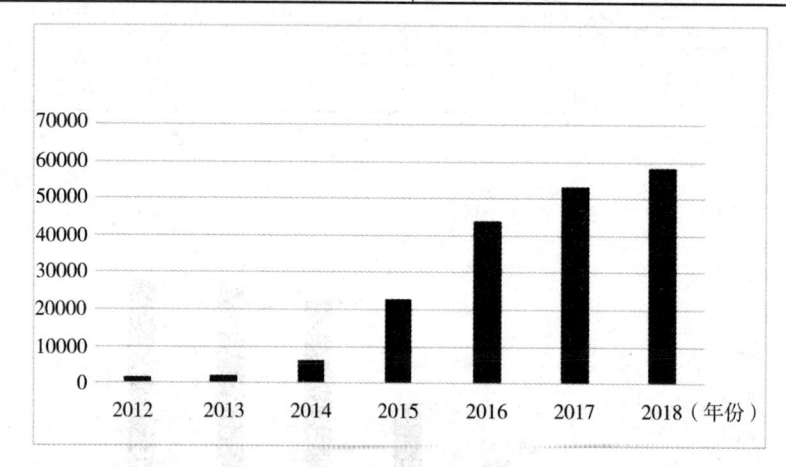

图5—2 2012—2018年我国政府引导基金目标规模（单位：亿元）

第三节 政府引导基金推进供给侧结构性改革的主要模式与典型案例

放眼全国政府引导基金的运作模式，近几年出现了一些新的变化趋势，本部分结合这些新变化以及从全国范围内梳理的典型案例进行分析，从而为下一步政府引导基金稳固发展提供经验借鉴。

从政府引导基金的管理模式来看，国内引导基金目前主流的管理模式有三种（见下表5—3），随着主流的管理模式不断发展，引导基金的管理团队也越来越专业化，以往政府引导基金虽然设立了独立的事业法人主体或者引导基金管理公司，但管理部门的主要负责人一般由财政部门人员兼职,往往管理人员因经验欠缺或精力分散会产生种种问题,所以现在一部分政府引导基金开始尝试基金管理人员完全脱离行政岗位,同时从业界招募一批基金管理的专业人才。另外还有一部分引导基金委托当地或外部基金管理经验丰富的 VC/PE 机构作为管理人,例如深圳创投受托管理多支引导基金,包括总规模 1000 亿元的深圳市政府引导基金、总规模 100 亿元的佛山市创新创业产业引导基金,采取市场化激励机制,推行团队持股。

表 5—3　　　　　　　　国内政府引导基金管理模式变化

管理模式	代表省份（城市）	相关举措
设立引导基金管理公司或者由公司制引导基金自行管理	浙江省	浙江省创业风险投资引导基金由浙江省创业风险投资引导基金管理有限公司负责管理运作
委托专业机构作为引导基金的普通合伙人	深圳市	深创投受管理深圳市政府引导基金等多支引导基金;受托机构通常收取 6‰—1% 的管理费
设立单独的引导基金管理办公室	江苏省	江苏省政府投资基金以有限合伙制方式运作,首期由省财政出资 50 亿元,成立基金管理办公室,负责日常运作

从投资标的区域的选择来看,地域限制逐步放开。在项目层面,江苏省政府引导基金放宽了投资当地比例的计算标准,例如在管理办法中规定江苏省内企业包括:与被投资企业生产经营关系紧密的子公司与分公司或者办事处位于江苏省范围内的;被投资企业在获得投资后,在产业基金续存期内将注册地、重要生产经营地、主要产品研发地或者与生产经营关系紧密的子公司或办事处等设立或迁入江苏省范围内的情形。在子基金层面,浙江省创新强省产业基金的管理办法中规定:创新基金参股比例低于 20% 的基金,投资省内企业的资金比例可以酌情降低,但市场化子基金的管理机构及其总部实际管理的其

它基金或实体投资省内项目的资金总额不得低于创新基金出资总额的2倍。

从引导基金的让利方式来看，多个省份的政府引导基金根据子基金投资区域、投资阶段和风险状况，给予不同程度的更加灵活的让利方式，充分调动社会资本的积极性。相关措施如下表5—4所示。

表5—4　　　　　　国内政府引导基金让利方式变化

基金名称	省份	相关举措
吉林产业投资引导基金	吉林省	将引导基金超额收益的60%让利给子基金GP和其他LP
江西省科创引导基金	江西省	子基金对省内企业投资额达到引导基金出资额3倍以上的，可将部分投资收益奖励GP；鼓励其他LP购买引导基金所持份额，4年内（含4年）购买的，以引导基金原始出资转让
哈尔滨创业投资引导基金	黑龙江	将门槛收益之上的收益让利给子基金GP（前提子基金投资规模的50%以上投在哈尔滨）
杭州市天使投资引导基金	浙江省	50%为让利性出资，50%为同股同权性出资，如基金盈利，让利性出资有优先受让权；如基金亏损进行风险补偿，以实际亏损额为限且不超过引导基金出资额的50%

以上三点是省外政府引导基金近期出现的一些新变化，透过这些变化趋势可以为我省的政府引导基金下一步发展思路提供一定参考。另外，本文结合目前我省引导基金现状，从全国范围内梳理了具有参考价值的典型案例——国家科技成果转化引导基金和浙江省转型升级产业基金，以期为我省的政府引导基金提供借鉴。

案例1：国家科技成果转化引导基金

国家科技成果转化引导基金是由科技部、财政部于2011年7月份牵头设立，主要用于支持利用财政资金的科技成果转化，其主要管理机构为科技部直属事业单位——国家科技风险开发事业中心，资金来源为三部分：中央财政拨款、投资收益、社会捐赠，支持方式包括设立创业投资子基金、贷款风险补偿和绩效奖励等等。国家科技成果转化引导基金的重要意义在于由过去国家通过无偿资助支持科技成果转化的形式，转变为间接股权投资。截至2017年3月，国家科技成果转化引导基金分两批设立了国投京津冀科技成果转化创业投资基金企业等9支子基金，总规模达173亿元，其中中央财政出资仅为38亿元，财政资金的放大倍数为4.55。值得借鉴的是，国家科技成果转化引导基金设立子基金的程序十分规范，以2016年子基金的招募程序为例，2016年3月国家科技风险开发事业中心发布《国家科技成果转化引导基金创业投资子基金申请须知》，明确了子基金申请者条件和要求及申请流程；2016年4—11月间，国家科技风险开发事业中心对申请材料进行初审，并聘请第三方机构对申请者进行全面的尽职调查，形成尽调报告交给引导基金理事会审核评议，随后又将审核意见上报科技部审查，2016年12月在官网公示拟设立创业投资子基金名单，最后经公示无异议后批准出资。具体流程图如下图5—3所示：

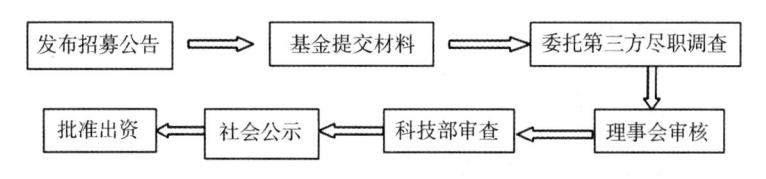

发布招募公告 ⟹ 基金提交材料 ⟹ 委托第三方尽职调查

批准出资 ⟸ 社会公示 ⟸ 科技部审查 ⟸ 理事会审核

图5—3 国家科技成果转化引导基金设立子基金流程图

案例2：浙江省转型升级产业基金

浙江省转型升级产业基金是由浙江省政府于2015年成立，主管部门为浙江省财政厅，首期规模为100亿元，通过参股设立市场化子基金，与市县两级政府合作设立区域基金以及直接投资产业带动型重点项目等多种方式,吸引社会资本投入到浙江省重点支持发展的信息、环保、健康等产业领域。浙江省转型升级产业基金的组织架构包含了四个层级,其中基金管委会由省政府牵头,日常管理地点设在省财政厅,浙江省产业基金有限公司每年向浙江金控投资管理有限公司支付千分之六的管理费,具体如下图5—4所示:

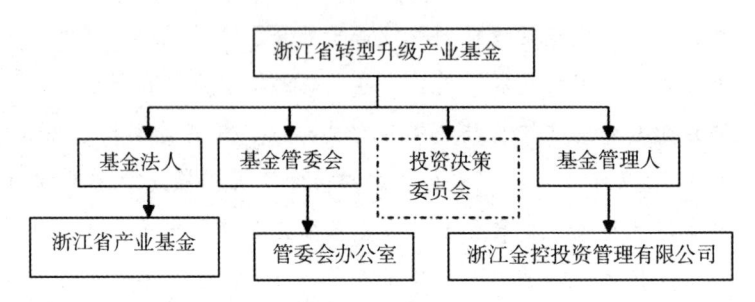

图5—4 转型升级基金组织架构

截至2017年3月,浙江省转型升级产业基金已经公示的3批参股子基金目标规模合计超过1020亿元,其中市场化子基金13支,区域基金11支,国家引导基金2支,转型升级基金在子基金中共出资128亿元,财政放大倍数约为8倍。部分合作的子基金规模情况如下表5—5所示:

表5—5　　浙江省转型升级产业基金子基金规模　　　　单位:亿元

序号	子基金名称	引导基金出资规模	子基金目标规模
1	国家新兴产业创业投资引导基金	400	5
2	国家先进制造产业投资基金	200	10
3	浙商转型升级母基金	100	10
4	浙商成长股权投资基金	100	10
5	浙江柯桥转型升级产业基金	40	12
6	浙江绍兴转型升级产业基金	20	8
7	浙江嘉兴转型升级产业基金	20	8
8	浙江金华转型升级产业基金	20	8

值得借鉴的是，在运作模式方面浙江省转型升级产业基金作为浙江省区域级引导基金的 LP 出资，出资比例在 40% 以下，区域引导基金再作为 LP 在市场化子基金中出资，形成双重杠杆作用；转型升级基金出资的各区域基金之间形成紧密互动，互相推荐优秀的子基金管理机构，一家子基金管理机构可同时申请多家区域基金出资；委托第三方评估机构对区域基金运作绩效进行考核，对运作良好的子基金采取追加投入或者利益让渡的方式予以奖励，对运作较差的子基金采用减少投入或提前退出的方式予以处罚；对于初期的创投、创新业务模式，转型升级基金给予多种灵活的让利形式，例如给予一定期限的利益让渡、约定回报率和退出期限、执行银行贷款基准利率等措施。如下图 5—5 所示：

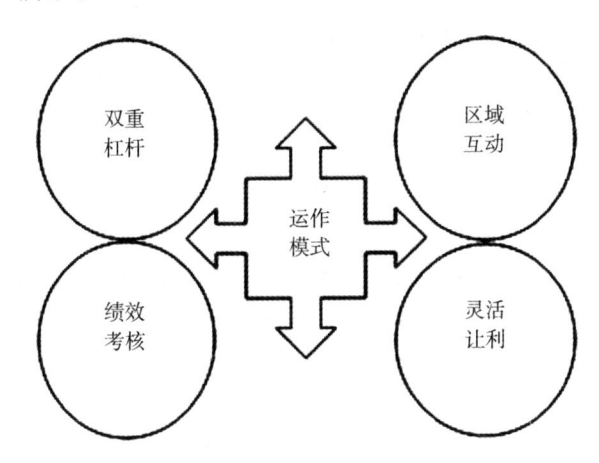

图 5—5 转型升级引导基金运作模式

案例 3：山东省省级股权投资引导基金

山东省省级股权投资引导基金成立于 2014 年 10 月，是由山东省政府出资设立并按市场化方式募集运作的政策性基金，引导基金资金来源主要包括财政出资和社会募集两部分重点支持设立新兴产业创投引导基金、传统产业转型升级引导基金、现代农业发展引导基金、现代服务业发展引导基金、科技风险投资与成果转化引导基金、城镇化建设投资引导基金、资本市场发展引导基金等引导基金，实行决策与管理相分离的管理体制，按照"政府引导、市场运作、防范风险、滚动发展"的原则进行投资管理。目前,山东省在各地市已经初步形成了具备不同政策导向、涉及不同投资偏好、覆盖不同产业领域的政府引导基金群,山东省省级政府引导基金已经参股设立总规模达1451亿元的子基金,已经完成尽职调查项目490个,完成上会项目172个,完成过会项目130个,实现投资项目11个。目前,山东省政府引导基金共参股设立子基金46只,其中在支持城镇化基础设施建设方面,主要设立PPP发展基金和城镇化投资引导基金,PPP发展基金总规模1200亿元、参股设立12只子基金,城镇化投资引导基金总规模近100亿元、参股设立2只子基金;在支持产业升级发展方面,包括12只引导基金,参股设立21只子基金,基金总规模70.5亿元;在支持科技创新方面,包括3只引导基金,参股设立13只子基金,基金总规模30.5亿元;在支持金融及资本市场发展方面,包括2只引导基金,参股设立3只子基金,基金总规模50亿元。2017年7月,山东省级政府引导基金参股的烟台源创基金投资的北京良业环境技术项目,通过企业并购重组实现成功退出,成为省级引导基金的第一个退出项目,投资回报率达到75.5%。目前,部分基金投资项目逐渐进入收获期,政府引导基金投资效益将逐步显现。

四 政府引导基金推进供给侧结构性改革面临的问题与现实约束

本书认为政府引导基金在推进供给侧结构性过程中既存在宏观层面的问题,也涉及微观层面的问题。主要集中在以下三个方面:

第一,政府引导基金支持实体经济的力度不够。当前我国经济处于转型升级、新旧动能转换的关键阶段,但部分政府引导基金存在市场投机性,追逐高收益项目,而对重点民生工程和重大基础设施建设出现了"嫌贫爱富"的迹象,政府引导基金设立的初衷是服务实体经济发展,而非过度金融化的投资,所以,政府引导基金的主业不能变。

第二,政府引导基金的监管机制问题。在我国有部分地市的政府引导基金属于事业单位建制,存在"政企不分"的现象,这种既充当"裁判员"又兼任"运动员"的现象无法保障监管的有效性。具体来看,政府引导基金的监督方绝大多数都是政府部门,而专业基金管理机构、社会第三方机构等监督渠道并不畅通,这无疑造成了政府引导基金监管的低效率。另外,普遍缺乏专业的绩效评价和风险防范机制,时有寻租行为发生,这些都不利于政府引导基金的健康运行。

第三,政府引导基金的退出机制问题。政府引导基金在设计之初对退出机制都有明确的规定事项,但在实际操作中却出现种种问题阻碍:一方面由于机制不够健全,部分基金项目出于经济利益不愿意退出,这种挤出效应造成了社会资本的低效率;另一方面"明股实债"也不利于政府引导基金的有效退出。例如,有的地方政府将财政资金作为劣后资金,并承诺对基金参与者保本最低收益,吸引银行理财资金进入,进而实现财政资金杠杆撬动的目标。但是这种"明股实债"的形式会集聚地方财政风险,一旦基金在存续过程中出现"银行抽贷"等金融风险,地方政府就要承担风险损失,为基金参与者负责,这种做法不仅有违引导基金的市场化运作规定,还加剧了地方政府的债务风险。

五 政府引导基金推进供给侧结构性改革的施力方向与着力点

提高投后管理效率,完善绩效考核体系。目前我省省级股权引导基金还没有组建较为专业的基于大数据的投后管理系统,不能对子基金项目进行实时的信息掌握,造成子基金向引导基金报送各类材料的时间成本较高以及后续的投后服务的低效率。另外,引导基金管理机构在绩效考核方面也应加强重视,注重发挥第三方监管评估机构的作用,引导母基金和子基金的管理团队规范化运作,尤其在绩效考核评价体系的指标设定方面应更加科学合理。因此,建议适时引入大数据投后管理系统,提供子基金管理工作的效率,注重地方政府的引导基金平台建设,通过系统化管理实现区域资源对接。

优化风险防控机制,守住系统性风险底线。政府引导基金一般会涉及募集、投资、管理、退出四个阶段,每个阶段又隐藏着不同类型的风险，政府引导基金常见的风险主要有合规性风险、代理风险、逆向选择风险、财务风险、期限错配风险、政策变更风险，等等。因此，设计基于风险合理分担与内部治理相结合的管理体系，在募集、投资、管理、退出四个阶段，通过有效的风险要素甄别，在政府管理部门与金融机构之间构建科学、合理的风险分担机制，通过采取保险、履约保函等风险防范措施，运用市场化手段实现风险转移。另外，政府引导基金的资金主要来源于财政资金和金融机构配资，在基金实际运作过程中难免会出现财政风险和金融风险，并且两者之间还会存在交叉传导性，如果风险防控不当会导致系统性风险。因此，要基于基金总规模、财政资金出资规模、资金杠杆比例等风险指标，构建政府引导基金的风险预警机制，设立合理的风险阈值，并根据不同项目采用针对性的防控措施，避免触发财政风险和金融风险，要守住不发生区域性系统性风险的底线。

健全法律监管体系，形成穿透式监管合力。在目前政府引导基金的法律监管框架下，各监管部门应形成监管合力，既要避免重复监管又要防止出现监管空白。财政部门应该加强对政府引导基金中的财政资金的监管，政府投资基金中以财政资金出资应该纳入预算管理，严禁违法违规出资行为。发改部门应该发挥在项目管理中的重要作用，例如确保民生发展基金全部投向重大民生项目，防止投资方向的偏离。银监部门应该加强政府引导资基金在资金募集、投资运作等方面的金融监管职能。基金业协会应当严格落实政府引导基金和基金管理人的双登记备案制，并要求每年度向基金业协会更新备案信息，保证备案信息的真实性、有效性。

第六章　政府采购政策对供给侧结构改革的调控及方向

政府采购具有公共性、导向性、法制性、规范性等政策属性，是集财政管理、产业规制和对外经济政策于一体的国家公共管理制度，体现着政府的重要战略意图和政策优先方向，是市场经济条件下政府履行职能的重要宏观调控工具。在新的时期，政府采购的政策功能在整个政府财政管理体系中的地位应该进一步提高，尤其是在党中央提出推进供给侧结构性改革并将之作为经济工作主线这一重大决策的前提下，深入研究政府采购政策对供给侧结构改革的调控及方向，具有重要理论和实践意义。在我国当前新的经济环境下，进一步放大政府采购政策功能，发挥政府采购的牵引作用，是有效发挥"供给侧结构性改革"这一药方的作用，实现中国经济持续、稳定、健康发展的重要手段。通过政府采购的牵引作用，解决中国经济发展中面临的产业结构、排放结构、区域与分配结构、要素投入结构、经济增长动力等突出矛盾和问题，通过有效而具体的采购政策与措施，落实"供给侧结构性改革"的要求和目标。

第一节　政府采购政策功能与供给侧结构改革

政府采购不仅仅是一种简单的政府采购产品和服务的行为，更重要的是，它具有一定的政策功能。政府利用政府采购的资源优势，在满足采购基本需求的前提下，达到政府的经济与社会宏观调控目标，这就是政府采购的政策功能。政府采购作为一个整体，不仅仅是一种微观经济行为，更是一种宏观经济活动，它的影响远远超过了政府购买产品和服务所要达到的一般性单个目标，政府通过并利用政府采购与其他经济和法律手段结合起来使用，可以实现政府的重大政策目标。之所以可以用政府采购作牵引，来促进供给侧结构改革，是因为政府采购有三大功能，即经济功能、社会功能和政治功能。20世纪90年代，我国开始试点政府采购制度时，政府采购的政策功能就一直被学界和政府部门反复强调。2003年正式实施的《政府采购法》，首次将政府采购的政策功能以立法形式明确下来。其中第九条明确，政府采购应当有助于实现国家的经济和社会发展政策目标，包括保护环境、扶持不发达地区和少数民族地区、促进中小企业发展等；第十条明确，政府采购应当采购本国货物、工程和服务。2015年3月起实施的《政府采购法实施条例》第六条进一步明确，国务院财政部门应当根据国家的经济和社会发展政策，会同国务院有关部门制定政府采购政策，通过制定采购需求标准、预留采购份额、价格评审优惠、优先采购等措施，实现节约能源、保护环境、扶持不发达地区和少数民族地区、促进中小企业发展等目标。

一 政府采购的经济功能

政府采购制度的经济功能是为了提高财政资金的使用效益，维护国家利益和社会公共利益。首先，政府采购作为经济手段与其他产业政策配合使用，可以调节国民经济的总量和结构。社会总需求（D）＝消费性需求（C）＋投资性需求（I）＋政府购买（C）＋出口（X），从这个公式可以看出，政府采购是社会总需求的重要组成部分，在市场需求不足的情况下，政府可以扩大政府采购，拉动社会投资和需求的回升。通过政府采购的乘数效应，会引起社会的生产和分配在总量和结构方面的变化，从而实现宏观经济总量和结构的平衡。其次，政府采购的公开性、规范性和法制性，可以有效规范财政支出，节约财政资金。第三，政府采购可以通过购买国货支持民族企业发展。政府采购的资金来源于国内的纳税人，应当取之于民，用之于民，促进民族产业发展；购买国货有利于国家经济安全，保证国内物资供应和价格稳定,避免重要领域和关键核心技术受制于人。随着经济全球化趋势的加速发展,曾经是相对封闭和独立的各国政府采购市场逐步走向开放。我国实行改革开放政策,一方面要加大对外开放力度,吸引国外的资金和先进技术与管理经验;另一方面要在开放中保护民族企业。我国加入WTO是一把双刃剑,使我国的民族企业获得了开拓国际市场的机会,但同时也面临着巨大的国际竞争压力。在这种形势下,按照国际惯例,政府在不违背国际相关协定(GPA)①的情况下,可以利用政府采购,规定政府购买国货,支持和保护民族企业,扶持国内老字号品牌企业的发展。第四,支持中小企业发展。世界各国的经济发展历程证明,中小企业具有科技创新动机强烈、经营灵活、广泛吸收劳动力就业等方面的优势,在促进社会经济发展中占有十分重要的地位。我国《政府采购法》第九条将促进中小企业发展作为政府采购的功能之一。财政部也连续多年将利用政府采购促进中小企业发展纳入年度政府采购工作要点。从国际看,利用政府采购合同授予促进中小微企业的成长,是OECD国家政府采购政策功能的重要方面。在确保投标过程中供应商能够充分竞争的同时,又能有效鼓励中小微企业参与竞标,部分OECD发达国家主要通过设置有利于中小微企业参与竞标的便利机制来实现。这些便利机制主要有:拆分招标、针对中小企业的文书或指南、培训和讲座辅导、简化程序等(章辉、张翼飞,2018)。

二 政府采购的社会功能

政府采购的社会功能与经济功能相比,在其政策功能体系中的作用同样重大,具体表现在四个方面:第一个方面是支持自主创新,提高国内企业乃至整个民族的核心竞争力。核心竞争力是一个国家赖以生存与发展的基石。核心竞争力是企业持续竞争优势的源泉,也是企

---

① 2007年12月,中国政府首次向WTO秘书处递交了加入《政府采购协议》的申请书和初步出价清单,标志着中国政府加入WTO《政府采购协议》工作的正式启动。随后,中国政府又多次提交修改后的出价清单。

业能否控制未来、抓住未来市场竞争主动权的根本；第二个方面是扶持不发达地区和少数民族地区的发展。政府采购支持和鼓励市场竞争，但作为一项政府公共政策，必须综合考量社会效益，它必须是社会效益与经济效益的统一体；第三个方面是实行节能减排，保护公共环境。政府采购在保护环境方面的作用，主要体现在对采购对象的选择上，给供应商一个信号，政府拒绝采购对环境污染和危害较大的产品，支持绿色产品，支持节能降耗，从而引导供应商生产和提供有利于保护环境的产品和服务，在节能和保护环境方面为全社会做出贡献；第四个方面是稳定物价。物价问题既是一个经济问题，更是一个社会问题。一旦物价失控，对全体民众的损害是无穷的。所以稳定物价是政府义不容辞的责任，一个负责任的政府和一个有高超执政能力的政府是不会对物价问题坐视不管的（宋军，2016）。

三　政府采购的政治功能

政府采购涉及多方利益博弈，如何更好地发挥政府采购的政治功能意义重大。具体表现在：一是抑制腐败，建立廉洁政府。"经济人"的理论告诉我们，只有完整的制度约束和公开透明的程序，才能最大限度地限制"经济人"的权力，保证国家的利益少受侵害。党员领导干部在行使采购权时，要严格遵守各项纪律规矩，提高拒腐防变的能力。随着电子化交易平台广泛运用于政府采购的每一具体环节，传统的手工操作政府采购模式已成为历史。如今，从项目的立项、审批、下发、文件编制、招标信息发布、开标、提交投标保证金、评标、结果公示、合同签订、验收及付款已经实现全程网上无缝链接或在电子监控下公正的"阳光"操作。制度的完善和电子交易系统的有效结合，不仅提高了采购效率，也有效地遏制了腐败问题的滋生，确保了采购人与供应商的合法权益；二是协调贸易摩擦，维护国家利益。随着我国综合国力的增强，经济水平的提升，我国经济的的外向性程度逐步提高，特别是对几个主要贸易国的顺差逐年增多，这使得与他们之间的贸易摩擦也逐渐多了起来。为了减少贸易摩擦，保持合理的外汇储备结构，可以通过政府采购的方式，直接到国外采购国内急需的产品，以充实国内市场。同时，还可以通过政府采购，为我国的独立自主的外交政策服务，维护国家的核心利益（宋军，2016）。

第二节 政府采购政策对供给侧结构性改革的调控作用

推进供给侧结构性改革，是以习近平同志为核心的党中央在全面分析国内经济阶段性特征的基础上，给出的调整经济结构、转变经济发展方式的治本良方。2015年，党中央决定实施供给侧结构性改革，经过几年的努力，取得了重要阶段性成效。钢铁、煤炭"十三五"去产能目标基本完成，一大批"散乱污"企业出清，工业产能利用率稳中有升，传统产业加快改造，科技创新成果不断涌现，新动能加快成长，特别是去产能使得重点行业供求关系发生明显变化。实施供给侧结构性改革，进一步激发了市场活力、增强了内生动力、释放了内需潜力，推动经济保持中高速增长、产业迈向中高端水平。实践充分证明，党中央这个决策是完全正确的，是改善供给结构、提高经济发展质量和效益的治本之策（人民日报评论员，2018）。从本质上看，供给侧结构性改革就是改革政府公共政策的供给方式，即改革公共政策的制定、输出、执行以及修正和调整方式，更好地与市场相协调，充分发挥市场在配置资源中的决定性作用。政府集中采购制度完善程度和执行程度直接决定着政府需求和市场供给的有效性，也决定着政府需求和市场供给的有效对接。从需求侧看，政府采购具有超越私人消费的特有功效，从供给侧看，政府采购不仅能感知市场，更能引领市场，改变市场结构和产业结构，具有推动供给侧结构性改革的最强驱动力。所以，政府采购是供给侧结构性改革的有力引擎，在供给侧结构性改革过程中必将发挥重大调控作用。根据章辉等（2018）的研究成果：在2003—2015年间，我国政府采购政策功能效果综合评分为70.24分，处于"合格"等级。研究认为，我国政府采购政策功能在2003—2015年间，基本得到实现，但距离有效发挥政府采购政策功能，促进公共财政体制建设和支持国家供给侧结构性改革调控的要求，还存在很大的差距。

一　发挥政府采购的引领作用，支持高质量发展

我国产业结构第一、二产业所占比例过高，第三产业所占比例过低，在产业结构调整过程中只注重产业结构的合理化（即片面地追求数字上的或小区域范围的产业结构的比例平衡），而忽视产业结构的高级化（即产业结构升级）。一方面造成了产能过剩；一方面没有高品质的产品满足国人的需求。同时，我国在产业结构的问题上，一些地方对实体经济在国民经济中的地位和重要性认识不足，过于依赖虚假繁荣的虚拟经济，致使我国相关行业库存过大，经济持续增长乏力。政府采购可以从以下几个方面发挥调整产业结构的作用。一是政府采购要优先购买自主创新企业的产品和具有知识产权的产品，大力提高原始创新能力、集成创新能力和引进消化吸收再创新能力。政府采购具有规模大、示范性强和影响力大的特点。因此，通过政府采购来购买自主创新企业的产品和具有知识产权的产品，可以支持企业积极进行技术改造，走科技含量高、资源消耗低、环境污染少的发展道路，促进产业协调健康发展；二是探索定向采购管理模式。为了实现国家的经济和社会发展政策目标，可将政府采购总额中一定比例的合同直接授予需要扶持、支持的行业或企业，通过政府定向采购的引擎作用，对该行业或企业的扶持、支持，带动整个行业和企业的发展；三是通过政府采购方式购买专利技术（产品）免费给优质企业。对于国家有关部门认定的朝阳行业或企业、关系到国计民生、国泰民安的行业或企业，以及国家规定应该扶持、支持的行业或企业，当他们还处在成长期或还没有实力购买专利技术（产品）时，政府可以通过竞争性磋商的采购方式，购买专利技术，免费给他们使用。费用也可以采用银行贷款，政府贴息的方式购买。从而支持企业进行技术改造和产品升级。

二　发挥政府采购的示范作用，支持节能减排

我国《政府采购法》早已明确规定，政府采购应实现国家的经

济和社会发展目标,包括环境保护。为了落实环境保护政策,我国财政部、国家发展改革委员会早在2004年就下发了关于《节能产品政府采购实施意见》的通知(财库〔2004〕185号),同时,公布了第一份节能产品政府采购清单,截至2018年8月,已经调整公布了第二十四期节能产品政府采购清单。产品清单所列产品包括政府强制采购和优先采购的节能产品。

一是发挥政府采购的示范作用。要通过政府购买节能、环保、低碳产品行为,让企业、社会重视节能环保,减少碳排放。在政府采购中,要不断改进和完善支持节能减排的措施,并处理好节资与节能的关系和采购成本与使用成本的关系。韩国环保部颁布的2005法案(Act of 2005)要求国家机构在采购时候需要优先购买有环保标识的产品,这一法规使得对环保产品的采购大大增加,到2012年韩国政府对环保产品的采购金额高达17270多亿韩元,环保产品的数量从2004年到2012年间增加了3.8倍(OECD,2015c)。瑞典政府一直致力于为各级政府在采购业务中增加定义较为规范的绿色采购标准,并发布可用的工具,这些工具使得采购人无需花费时间和成本来构建自己绿色采购标准(OECD,2015c),这样不仅为采购人节约了成本,也使得绿色采购标准得到了高度的统一,也提高了标准的权威性(章辉、张翼飞,2018);二是探索在碳排放市场中引入政府采购机制。碳排放交易是为促进全球温室气体减排,减少全球二氧化碳排放所采用的市场机制。我国依据《联合国气候变化框架公约》和《京都议定书》,从2011年11月开始启动碳排放交易市场的建立。碳减排交易在全国推广后,中国将成为世界最大的碳减排交易市场。碳排放交易市场的建立,将促进地方政府和企业改变经济增长方式,使用和发展低碳能源系统、低碳技术和低碳产业体系。为了支持企业节能减排,政府可以通过政府采购方式,一方面购买"碳指标";另一方面可以购买节能降排的新技术,免费提供给企业使用。

三 发挥政府采购的扶持作用,支持落后地区

区域结构主要是指区域经济结构,是指一个区域内各经济单位之

间的内在经济、技术、制度等组织联系和数量关系,是影响区域经济增长的重要因素之一。区域经济结构包括了产业结构、所有制结构、企业结构、技术结构、要素结构等。在我国,区域结构问题主要表现在区域发展不平衡、不协调、不公平。而区域不平衡又带来了分配结构问题,分配结构问题主要是城乡收入差距、行业收入差距、居民贫富差距,财富过多地集中在少数地区、少数行业和少数人中。区域、分配结构问题,不仅受自然资源条件、历史发展因素、生产力和科学技术的发展、社会需求结构的变化、社会生产关系和上层建筑等主、客观方面的影响,而且很大程度受国家的经济社会发展战略和生产力布局规划、区域分工、区际利益分配机制、区域生产要素市场发育程度和国家生产要素分配机制、国家的产业政策等国家宏观调控政策的影响。例如深圳奇迹的出现,很大程度是国家宏观调控政策和地理位置决定的。

在供给侧结构性改革中,应发挥政府采购的扶持作用,通过支持落后地区的经济的发展,促进不发达地区调整区域经济结构和分配结构。我国《政府采购法》规定,在政府采购中应扶持不发达地区和少数民族地区经济的发展。但由于没有出台具体的实施措施,所以,在政府采购中对经济不发达地区实行扶持,还停留在法规里、口头上。为了实现精准扶持,一方面在政策层面上,要细化政府采购扶持不发达地区的政策和具体措施,使之更具有操作性;另一方面在扶持力度上,要在政府采购总预算中预留一块合同,直接授予不发达地区供应商,或者要求中标供应商将合同的一定份额分包给不发达地区的供应商,达到扶持不发达地区经济发展的目的。

四 发挥政府采购的引擎作用,支持科技创新

政府采购是科技创新的最大支撑,政府采购所创造巨额需求有利于引导企业加快自我创新步伐。目前,我国政府采购对技术创新的支持多采用间接手段,缺乏对核心技术领域和高新技术行业直接性的政府采购支持,缺乏支持技术自主创新的政府采购政策体系。我国经历了政府采购支持技术自主创新政策由立到废的过程。2006年,国家出台了《国家中长期科学和技术发展规划纲要（2006—2020年）》，在该纲要中，提出了"实施促进自主创新的政府采购"，由此，财政部等相关部门在2006年、2007年相继制定了《国家自主创新产品认定管理办法（试行）》《自主创新产品政府采购预算管理办法》《自主创新产品政府采购评审办法》《自主创新产品政府采购合同管理办法》《自主创新产品政府首购和订购管理办法》等一系列政策规定。这些办法通过自主创新产品认定、首购订购、优先安排采购预算、评审价格扣除、规范合同等措施初步构建了政府采购促进技术自主创新的框架体系。之后，我国迫于WTO《政府采购协议》谈判的压力，相继于2011年和2016年叫停了上述政策文件。利用政府采购支持本国技术自主创新是发达国家的普遍做法，美国等国对我国政府采购促进创新政策的指责，与其说是为我国加入WTO《政府采购协议》施压，不如说是对我国创新战略的遏制。和我国相反，美国政府成功运用了政府采购这一政策工具推动了本国技术创新。其主要做法有：制定国货标准、优先购买美国产品、大力扶持小企业，针对技术发展路径采用差别化的激励政策以及充分利用WTO《政府采购协议》保护国内技术创新等（曹蕊，2019）。

结合国际经验和我国国情，为充分发挥政府采购促进技术创新的政策功能，建议从以下几个方面入手。一是重构政府采购促进技术创新政策体系。鉴于我国现有政府采购促进技术创新政策不完善、碎片化且效果不明显的情况，首先，明确政府采购支持技术创新的政策功能，建议修改《政府采购法》，将促进技术创新这一重大战略列入政府采购政策目标之中。其次，完善相关配套制度。恢复并进一步完善创新产品认证制度，政府采购创新产品首购、订购制度，政府采购创新产品价格评审折扣、优先采购、预留采购份额等优惠措施，创新产品政府采购评价制度等。通过配套制度的完善，使政府采购促进创新政策落地，真正发挥出实践效果。再次，尽快制定国货标准。加入WTO《政府采购协议》意味着我国政府采购市场将逐步向全世界放开，我国民族产业以及国内供应商将面临巨大的国际竞争。可借鉴美国经验，在我国正式加入WTO《政府采购协议》之前，尽快出台购买本国产品法,并明确我国国货的标准,以此来保护国内企业进行技术创新。二是尽快制定《国家自主创新产品目录》,为创新产品创造巨大市场需求。所谓创新产品是指符合经济社会发展要求和科学技术发展方向,拥有核心技术的自主知识产权,并能够引领国内市场和带动产业发展的产品。对于符合《国家自主创新产品目录》内的项目,符合首购或订购条件的直接采用首购或订购的方式采购,其他的则在评标环节、合同履行上给予一定程度的扶持与照顾。采购高新技术产品时,政府要从研发期开始全程投资,从而保证自主创新产品在政府采购中具有竞争优势。在采购之前,政府部门应结合国家、部门的发展需要,针对核心技术和关键领域,提出明确的技术采购需求;在研发阶段,政府部门可采取"溢价采购"策略,对即将进行创新技术研发的企业给予高于市场价的采购订单;最后,在技术成熟并推广阶段,政府可通过大量的采购订单鼓励创新技术的使用,激发企业推广技术以及持续创新动力。三是鼓励中小企业技术创新。目前,我国仅规定政府部门要预留年度政府采购项目预算总额的30%给中小企业,但是并未指明面向中小企业的采购事项,建议增设相关政府部门预留科研经费预算总额的3%面向中小企业采购创新产品的规定。对于价格扣除政策,建议从"身份优惠"向"创新优惠"转变。目前规定只要具备中小企业的身份就可享受价格折扣,在此规定的基础上,可增设中小企业提供创新产品情形的价格折扣政策,以鼓励中小企业进行创新。四是鼓励国内企业提高核心竞争力,帮助企业进行人才培养。自主创新能力是企业拥有核心竞争力的根本,而企业核心竞争力的拥有,关键是靠人才。企业只要保持一个合理的人才结构,才能从根本上扭转我国投入要素结构不合理的问题。政府可以通过政府采购方式,购买培训服务,实行定单式培训,帮助企业提高员工素质。

五 发挥政府采购的导向作用,培植新增长点

政府采购是提升国际竞争力的战略工具。在国际竞争的战略部署中,有一项重要的战略工具就是该国的内需。评价一个地区的竞争优

势,本国的内需是四大竞争要素之一,也被称之为"产业冲刺的动力"。在各国所有的产业中,本国内需是所有国家产业发展的核心影响力。所以,作为需求侧的政府采购竞相被发达国家高度重视,且广泛适用。在美国,许多创新技术的成功研制也都得益于政府(尤其在国防)采购中具有前瞻性和高风险性的技术需求。互联网的研究最早是出现在美国国防部为满足战争通信需要而进行的采购活动中。GPS全球定位系统和CDMA手机系统也都是源自美国的国防采购。其他发达国家,例如欧盟各国、日本、韩国也同样广泛适用政府采购这一战略工具。建议我国通过政府购买服务,培植经济新的增长点。一是通过购买服务,优化企业发展环境,激发民营企业、中小微企业的发展活力,如政府采购供应商融资服务,为中小企业购买法律、会计、资产评估服务等,减轻企业发展负担;二是通过PPP方式,加大基础设施建设,通过政府的财政政策启动民间投资需求,推动投资主体多元化,优化投资环境,加快城市化进程,促进农村人口转移;三是通过购买服务,完善公共服务体系,使民众共享改革红利。通过购买公共文化服务、养老服务等,增加内生需求,挖掘新需求。通过引导、鼓励绿色消费,促进消费结构调整升级,提高居民消费水平;进一步加大关系民生事业的改革,改善居民生活。

第三节 政府采购政策对供给侧结构改革的调控方向

供给侧改革需要发挥政府购买的价值引领。推动供给侧结构性改革是适应和引领新常态的战略行动,为新常态下"怎么干"指明了方向。具体说来,推进供给侧结构性改革,就是要更好地发挥企业和个人的作用。政府的主要职责是把法律、法规、标准和政策制定好,给企业和市场相对稳定的预期,提高其积极性和创造性。除此之外,政府还可以发挥政府采购价值引领作用。清华大学公共管理学院政府采购政策功能研究课题组绘制的图6—1显示了受访者对目前《政府采购法》以及相关法律、法规所规定的6种政府采购政策功能重要性的排序。其中,政府采购促进自主创新具有压倒性的优势、节能环保和促进中小企业发展也得到了较高的认同度。至于促进落后地区发展和扶助弱势群体方面,则认同度很低,原因在于,上述二项政策目标与政府采购的经济目标严重背离,受访者认为牺牲政府采购的质量来扶持上述二类群体的效率低下,应更多的考虑税收政策、转移支付政策等其他更为有效和直接的政策工具。从这项研究来看,明确政府采购政策对供给侧结构改革的发力方向,对于更好地运用政府采购政策推动供给侧结构改革十分必要。

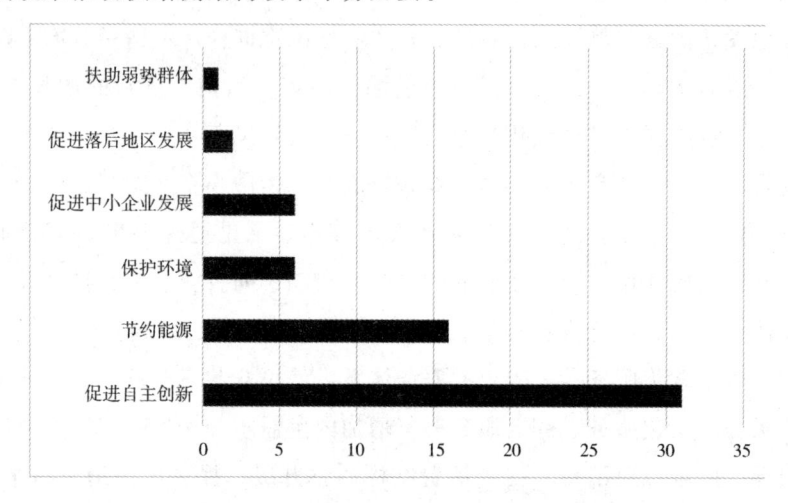

图6—1 政府采购各项政策功能重要性排序

一 政府采购优化政府行为模式

政府采购调控的首要方向是改变政府的行为模式,促进供给侧结构性改革进程。政府采购将原本由政府自身提供公共服务这一任务交由多元社会主体承担,由更具专业性与积极性的社会组织提供公共物品与服务,打破原本政府在公共供给上的垄断局面。E. S. 萨瓦斯认为,"政府"这个词的词根来自希腊文,意思是"操舵"。政府的职责是掌舵而不是划桨,直接提供服务就是划桨,而政府并不擅长划桨。行为模式的改变直接促进政府转变自身职能,政府采购将政府从原本大量技术与专业性的事务中解脱出来,更集中地应对决策的制定与选择,改变以前的全能型政府模式,促进自我革新。

二 政府采购引领市场理性发展

市场的理性发展来源于对市场的理性认知，信息的不对称导致投资决策的非理性，中国日益壮大的民间资本往往容易受到政府决策变动的影响。政府本身作为信息的最大拥有者，其决策与行为应该引导市场的理性发展。随着采购规模的不断增加，政府巨额采购的一举一动，产生的"风向标"作用程度随之增加。市场的繁荣程度离不开政府自身的投资与消费，而市场的理性繁荣程度又与政府所倡导的公共理性密切相关。政府采购作为政府行为，其本身传递的公共性价值理念，自发地引领市场的价值理性发展。

三 政府采购提升产业结构

产业结构的变化并不仅仅意味着各个产业占 GDP 的比重高低，更应强调产业自身发展水平和所产产品与服务质量的高低。政府采购本身数额巨大，且未来规模继续上升的同时，采购的种类及要求也将发生改变。政府采购最初的目的是提高财政资金使用效率，维持政府运转，而今天政府采购本身所具有政策功能使其以一种战略的高度而被广泛关注。作为一种政府宏观调控行为，政府采购不仅仅具有规范的作用，更具有促进经济发展、改善社会治理的功能。政府采购比重中绿色采购及创新采购的份额将会持续增加，对社会生产企业，尤其是知识经济背景下的高新技术产业的引领作用会不断增大，同时由于政府服务采购自身的长期性复杂性等特点而提出的要求标准，将会带动企业自身的升级革新连带提高产业结构的质量。

四 政府采购决定供给质量

公共产品由于本身所有的非排他性与非竞争性的特征，使其不能仅仅作为一般商品来对待。社会对公共产品的需求随着时代的发展也逐渐产生变化，从最初的政府"守夜人"需求，到后来的政府参与调控经济，提供社会就业，再到今天大众对自然社会环境的质量要求与制度供给，等等。政府采购作为政府的治理工具，其价值依归始终在于实现公共价值目标，增进社会福利。在未来的发展趋势中，政府采购尤其是政府购买公共服务，无疑会通过公私合作伙伴关系模式来实现公共服务提供机制的多元化与高效化。政府采购通过方式与合作伙伴的选择来确保产品的最优化，通过采购制度的建立来保障供给质量实现的长期化。

第七章　推进供给侧结构性改革的税制建设及因应

当前，在供给侧结构性改革导向下，优化企业税负结构，形塑合理税负布局，营造优良税收环境，是全面提升我国税制国际竞争力、引导促进优质企业深度"走出去"和"引进来"的战略要求，是减轻企业负担激发市场活力的现实诉求，同时也是优化税制结构，推进我国税收治理体系和治理能力现代化的改革诉求。

第一节　降低企业税负：供给侧结构性改革的迫切诉求

从纳税主体来看，一国财政收入的贡献者总体可分为企业纳税人与自然人纳税人。由于经济发展水平、税制模式选择、税务管理能力等的不同，企业纳税人与自然人纳税人在一国税制结构中的地位和负担比重并不相同。当前，不考虑税负转嫁因素，在我国税收结构中，由企业缴纳的税收占税收收入的比重高达90%以上，而由自然人纳税人缴纳的税收则仅约为10%（见表7—1）。

由表7—1可见，企业纳税人是我国税负承受的绝对主体，这与我国由间接税主导的税制模式高度契合。从税收结构看，以增值税、营业税、消费税为主的流转税占据了我国税收收入的半壁江山，2018年"三税"合计收入达72162.52亿元，占全部税收收入的46.14%，占企业税收负担的56%，再加之主要税种的企业所得税，"四税"收入合计107486.2亿元，占全部税收收入的比重高达68.72%。由于

表 7—1　　我国企业与自然人税负状况

单位：亿元；%

类型	税种	2010 年	2011 年	2012 年	2013 年	2014 年	2015 年	2016 年	2017 年	2018 年
企业税收负担	国内增值税	21093.48	24266.63	26415.51	28810.13	30983.2	31109.47	40712.08	56378.18	61530.77
	国内消费税	6071.55	6936.21	7875.58	8231.32	8968.75	10542.16	10217.23	10225.09	10631.75
	进口货物增值税、消费税	10490.64	13560.42	14802.16	14004.56	14445.79	12533.35	12784.59	—	—
	出口货物退增值税、消费税	-7327.31	-9204.75	-10428.9	-10518.9	-11329.72	-12867.19	-12154.48	—	—
	营业税	11157.91	13679.00	15747.64	17233.02	17778.92	19312.84	11501.88	—	—
	企业所得税	12843.54	16769.64	19654.53	22427.20	26441.8	27133.87	28851.36	32117.29	35323.71
	资源税	417.57	595.87	904.37	1005.65	1083.66	997.07	919.40	1310.54	1584.75
	城市维护建设税	1887.11	2779.29	3125.63	3419.90	3641.91	3707.04	3880.32	4204.12	4680.67
	印花税（不含证券交易印花税）	496.18	603.77	682.13	774.71	893.16	888.66	958.82	1137.89	1222.48
	土地增值税	1278.29	2062.61	2719.06	3293.91	3914.68	3832.18	4212.19	4911.28	5641.38
	关税	2027.83	2559.12	2783.93	2630.61	2843.41	2560.84	2603.75	2997.85	2847.78
	烟叶税	78.36	91.38	131.78	150.26	141.05	142.78	130.54	115.72	111.35
	房产税	894.07	1102.39	1372.49	1581.50	1851.64	2050.90	2220.91	2604.33	2888.56
	城镇土地使用税	1004.01	1222.26	1541.72	1718.77	1992.62	2142.04	2255.74	2360.55	2387.60
	合计	62413.23	77023.84	87327.64	94762.69	103650.87	104086.01	109094.33	118362.84	128850.8
	占比（%）	89.38	89.71	90.90	90.39	90.05	88.33	88.73	88.16	87.77

续表

类型	税种	2010年	2011年	2012年	2013年	2014年	2015年	2016年	2017年	2018年
自然人税收负担	个人所得税	4837.27	6054.11	5820.28	6531.53	7376.6	8617.27	10088.98	11966.37	13871.97
	车船税	241.62	302.00	393.02	473.96	541.07	613.29	682.68	773.59	831.19
	车辆购置税	1792.59	2044.89	2228.91	2596.34	2885.11	2792.56	2674.16	3280.67	3452.53
	证券交易印花税	544.16	438.45	303.51	469.65	649.14	2552.78	1250.55	1068.50	976.88
	合计	7415.64	8839.45	8745.72	10071.48	11451.92	14575.9	14696.37	17089.13	19132.57
	占比（%）	10.62	10.29	9.10	9.61	9.95	11.67	11.27	11.84	12.23

说明：1. 为简化分析，部分难以区分税负主体的税种（耕地占用税、契税）未纳入统计范围；

2. 印花税中证券交易印花税大致可视为自然人税负，其他部分视为企业税负。印花税数据中不含证券交易印花税；

3. "—"表示数据缺失。

数据来源：《中国统计年鉴（2011—2019）》。

流转税主要是企业税，我国将税收课征重心置于商品劳务流转环节的体系设计，使得企业纳税人成为我国税负的主要承受者。

实际上，除税收负担外，我国企业纳税人尚是非税负担的主要承担者。一般而言，在市场经济与法治健全的国家，税收收入、财政收入、政府收入大致属于同一范畴，纳税人承担的税收收入即是其对政府的全部或主体负担。但在我国，由于历史与制度成因，在税收收入之外，我国纳税人尚承担着名目繁杂、规模庞大、负担沉重的非税负担，如表7—2所示，我国非税负担与税收负担已形成"五五分"的平分秋色格局，由此使得仅拘泥于狭义的税收收入视角，将难以窥见企业公共负担的真实图景。而无论是税收负担，还是非税负担，对企业而言，均构成其对政府实质意义上的财政负担，并作为切实的"税痛"楔入企业的运行成本之中，而后者通常是散落的、不规范的甚至数据不可得的，由此使得对企业税负的全景分析，应当也必须以整体性、结构性思维为指引，将包括企业非税负担、社会负担在内的所有外部负担涵摄进来，如此始能客观洞悉企业税负的真实状况及内在布局。

第二节 当前我国企业税负的内在成因

一 偏重收入取向的税制体系构建

偏重收入取向的税制体系构建，形成以企业税为中心的税负分配结构。长期以来，在效率优先的价值取向下，我国税制结构长期以商品劳务税为主体税种，而商品劳务税主要是企业税，其内在成因在于，我国税制建设高度重视税收的收入筹措功能，对税收的调节职能则相对关注不足。我国历次税制改革均是在维持原税负不变的基础上进行的，在高投资经济和资本要素主导的经济结构下，对于税源丰富的商品劳务税和相对易于征管的企业税偏爱有加，面向自然人的税收由于税源分散、征管难度大、税痛高，自然人税收被置于税制体系的边缘，税负分配的重心被置于间接税之上，使企业税成为税收的主体承担者，并导致企业税负过重。

第七章　推进供给侧结构性改革的税制建设及因应　75

表7-2　我国政府收入规模与结构

单位：亿元；%

类型/项目	2010年 收入额	2010年 占政府收入比重	2011年 收入额	2011年 占政府收入比重	2012年 收入额	2012年 占政府收入比重	2013年 收入额	2013年 占政府收入比重	2014年 收入额	2014年 占政府收入比重	2015年 收入额	2015年 占政府收入比重	2016年 收入额	2016年 占政府收入比重	2017年 收入额	2017年 占政府收入比重	2018年 收入额	2018年 占政府收入比重
公共财政预算	83102	60	103874	60	117254	62	129210	59	140370	59	152270	63	159605	61	172593	57	183352	54
其中：税收收入	73211	53	89738	52	100614	54	110531	50	119175	50	124922	51	130361	50	144370	48	156403	46
政府性基金预算	36785	27	41363	24	37535	20	52269	24	54114	23	42338	17	46643	18	61480	20	75405	22
国有资本经营预算	1571	1	1964	1	1496	0.8	1713	0.8	2008	0.9	2551	1	2609	1	2581	1	2900	1
社会保险基金预算	17071	12	25758	15	31411	17	35994	16	40439	17	46354	19	53563	20	67155	22	79255	23
全口径预算	138529	100	172959	100	187695	100	219186	100	236930	100	243513	100	262420	100	303809	100	340912	100

数据来源：财政部2010—2018年全国财政决算报告与2010—2018年《关于全国社会保险基金决算的说明》；国家统计局网站（http://www.stats.gov.cn/）；《中国统计年鉴（2011—2019）》。

就具体税种而言，作为主体税种的间接税主要表现为增值税、营业税和消费税，直接税主要表现为企业所得税。按照税收收入比重，当前我国的主体税种依次为增值税、企业所得税、营业税、消费税与个人所得税，即主要税种是以更易征管的商品劳务税与企业所得税为主。相应地，传统的纳税主体主要为企业，并通过税负转嫁，使得普通消费者成为主要的负税主体；个人所得税主要的纳税主体与负税主体则主要为工薪阶层。但从税源结构看，表现为工资性收入比重持续下降，而经营净收入与财产净收入比重明显上升，因此，在某种程度上，当前我国并不缺乏个人所得税与财产税比重提升的税源基础。但由于税制体系运行的巨大惯性，我国长期形成了对以企业为中心的税负分配的强烈财政依赖，面向自然人的税负分配体系远未形成。

二 不尽科学合理的税权划分

不科学、不合理的税权划分，形成多元、复杂的企业税费结构。中央与地方之间的税权划分，是财政体制的轴心问题之一，也是深刻影响一国企业税负的基础因素。合理的税权关系，有助于各级政府财政行为的规范化与法治化，反之，则会导致各级财政行为的扭曲，进而增加交易成本，加大企业税负增加的内在冲动。

长期以来，我国税权高度集中于中央，税收立法权、政策制定权、分配权等高度集中于中央，地方仅具有一定权限内的政策选择权、征收管理权与税收收入分享权。自1994年分税制财政体制改革以来，事权与支出责任逐渐下放，诸多应该由中央政府负责的事项交给地方办理，但财力逐渐上移，典型如增值税与所得税的分享比例向上调整，当前推行的全面"营改增"也具有财力上移的客观效果，导致地方政府尤其是基层政府的财政收支不平衡，虽然有上级政府的转移支付，但诸多上级对下级的专项转移支付要求地方财政资金配套，而经济社会转型期庞杂、刚性的财政支出需求使得地方政府长期财力不足，由此使得地方政府尤其是基层政府动用其能掌握的当地资源在税收外开辟财源，通过卖地、收费、发债、出让国有资源等多种方式来筹集资金，为招商引资刺激经济、获取财政收入不惜"血本"

给予土地、地方税收返还等各种优惠政策等,其最终导致的结果是,在税权高度集中于中央的情况下,地方政府实际上拥有对纳税人税收之外的"负担决定权"。从本质而言,不论是税收、收费还是借债,均构成纳税人实际意义上的财政负担,且由于地方政府及相关部门与纳税人的长期近距离博弈关系,收费的执行力甚至强于税收,由此也产生"费挤税"现象,并最终导致名义税权中央高度集中与实质"税权"地方高度分散的悖论格局。

从企业税负的实际状况看,我国大规模的非税收入不仅加重了企业的实质财政负担,增加了企业纳税人的宏观税负水平,而且也严重挤占了税收收入与非税收入的结构调整空间。就我国纳税人的实际财政负担而言,除税法明文规定的正税负担之外,还有政府和部门规定的大量非税负担,这些非税负担中有相当部分是不合理甚至是不合法的,但与税收一样,都是纳税人所负担的财政负累,且规模浩大,占据经济总量的相当份额,对税收规模的扩张和税制结构的优化调整形成实质性约束。从近年来的税负规模看,我国小口径宏观税负大约占国民财富的两成左右,大口径宏观税负却占到国民财富的约四成,如此庞大的非税收入规模,不仅使得企业税负过重,而且也严重挤占了税收占经济的比重,使得在既定的经济规模下,税收收入结构优化的操作范围及空间受到极大限制。

三 不规范和过度的税收优惠

不规范、过度的税收优惠,形成企业税负减损的诱因。税收优惠作为非标准化税制的典型构成,是现代税制体系的基本构成要素。规范、合理、适度的税收优惠虽然会在短期内减少税收收入,但从长期看,科学的税收优惠通过减轻纳税人的税负和削减课税对象的"税楔",可培植发展潜力巨大、可持续发展的新兴税源,优化税基结构,促进税收收入的稳健、长足增长。但税收优惠是把"双刃剑",由于其是政府调控的灵活的便捷工具,运用税收优惠实现特定政府目标是各国政府的通常行为,但正因如此,若税收优惠的运用不规范、不透明,甚至被过度化应用,不仅会使得税制上"补丁上面打补丁"

的现象严重,而且会严重侵蚀税基,削减既定宏观税负水平所需要的收入量,进而会逼迫政府在体制外"找补"体制内的这部分"损失",导致政府收入行为的深度混乱。

就我国的实际状况而言,囿于历史与体制原因,税收优惠基本围绕"以经济建设为中心"的导向运行,且以行政权主导的区域性税收优惠为主。自改革开放以来,为促进经济发展、改变短缺经济的匮乏状态,我国开启了以经济建设为中心的总量扩增模式,先是开放了深圳、珠海等东部沿海城市和经济特区,以吸引国外资金和投资,政府则通过给予这些特定地区税收优惠的政策性"特权",来刺激上述地区的快速腾飞;然后,在东部地区发展的基础上,实施"西部大开发"战略,又配之以相应的税收优惠;进而,又以配套优惠模式,先后实施东北老工业基地振兴、"中部崛起"战略,使得税收优惠沦为政府区域发展计划的"附庸",并非以纯粹的产业和企业为导向,且税收优惠是区域间有差别的甚至是歧视性的,成为政府"人造发展秩序"的重要推手,并未与市场经济所要求的"一视同仁"相对接。除区域差异外,尚存在着所有制歧视,尤其对外资企业曾经长期实施格外的税收优待,使得内资企业长期以来承受着沉重税负,虽然自2008年《企业所得税法》统一后,在法定层面不再存在所有制差别,但囿于制度惯性,外资企业仍然享有某种程度的"优待"。实践中,外资企业税负仍然轻于内资企业,外商企业税负要轻于港澳台企业税负,国有企业的税收优惠受益度要强于民营企业。

同时,由于市场化改革是由政府主导的,行政权对税收优惠的出台具有决定权,在权力运行不规范、不透明的情况下,对税收优惠的运用缺乏顶层设计与系统规划,往往抓住一个、出台一个,对其实施效果也缺乏事中跟踪与事后评判,且存在针对个别地区、个别纳税人、个别事项的因人设法、因事设法现象,使得税收优惠的运行极不规范且不透明,为了优惠而优惠,并导致税基被侵蚀,税收收入的健康、稳健增长通道被扭曲。虽然近年来产业性税收优惠逐步强化,但仍存在产业优惠嵌套于区域优惠、优惠链条不畅通、税种协同力较弱、整体效果不明晰等问题,亟待规范、完善与改革深化。

从实际效应上看，税收优惠被不规范地过度使用，一方面，使得政府若要保持稳定的宏观税负水平，只能通过提高名义税率的方式进行，而高税率又会引发进一步的税收优惠，导致税基进一步收窄，从而陷入"泛优惠—窄税基—高税率—再优惠"的循环链条，使得宽税基与低税率的税制体系在短时期内难以形成，尤其是在涉税信息管理能力薄弱的状况下，更是难上加难；另一方面，由于持续性的提高名义税率并不可能，在行政权强大的背景下，其会通过"堤内损失堤外补"的方式，在税收之外寻求非税收入来源，不仅使得非税收入规模庞大，也使得政府收入结构趋于复杂和混乱，并使得合理、稳定的企业税负水平难以维持甚至测度。

四 薄弱的涉税信息管理能力

薄弱的涉税信息管理能力，形成企业实际税负与法定税负偏离的现实约束。税负分配从税法制度层面到现实实践层面，需要有效的税制执行力，而这其中的核心是涉税信息管理能力的强弱，强大的涉税信息管理能力能够实现对课税资料的全面、充分控管，进而实现有税尽收，确保实际税负与法定税负趋于一致。若一国涉税信息管理能力薄弱，无法有效控制涉税信息流，则税制体系的实践基础不实，会导致税负倾压于那些涉税信息易于被控管的课税对象与纳税人，从而导致税制执行的不公平，影响税制体系的收入筹措能力，使得即便税法制定是良好的，但实际的税负分配却极不公正。

长期以来，受计划经济体制下经济管理以国有企业为重心的惯性影响，我国的涉税信息管理也以企业税为主，在税种上体现为以间接税为中心的涉税信息管理。税制运行系统以企业税为模本，税务机关对企业税具有较强的管理能力，在以组织财政收入为中心的税收治理模式下，形成了对间接税税制模式的有力支持。而由于间接税的税基是商品劳务流转额，是在交易双方买卖的过程中形成的经济流量，交易双方存在着相互勾稽关系，只要控制住企业的销售额和进项额，即控制住了流转税的税基，课税资料的取得相对简便，成本较低，且流转税在初次分配领域课征，可通过价格通道疏散，企业纳税人并非是实质的负税主体，税收脱逃意愿较低，相应地，税收征收效率较高。在实施"结构性减税"的税负改革导向下，降低间接税税负水平为企业利好，但囿于财政支出刚性，在直接税管理能力薄弱，进而直接税收入难以获得有效提升的条件下，为维持预算平衡，对间接税和企业的减税实际上步履蹒跚，甚至在某种程度上强化了对企业税的控管，进而阻滞了我国税制结构优化的进程。总之，在薄弱的涉税信息管理能力下，我国税制体系无法实现有税尽收，若要保持一定的税负水平，则只能通过其他方式为之，从而在财政治理层面为不规范的"增负"行为埋下了根源。

五 征税权的宪法性约束不足

征税权的宪法性约束不足，导致企业税负的规则底线不实。在现代法治框架下，对征税权的约束是由宪法性规则进行的。由于征收权具有扩张的本性，除了以权力制约权力外，尚需要明确的底线原则的约束，以划定征税权的活动范围与边界，由此才能使得宏观税负水平处于合理的区间之内，最终达到实现公共福祉与保障纳税人财产权的基本目标。总体来看，当前我国对征税权的宪法性约束不足，使得征税权行使的刚性约束不足，也使得我国缺乏对宏观税负增长的底线规则控制。除税收立法层面的授权立法和行政立法广泛、有违严格意义上的税收法定原则外，在税收执法层面，税务机关的任务治税模式的实际存在，纳税人的税收诚信度不高，税收中介机构的非公正性凸显等因素，使得刚性的税法在实践中被"软化"，遭到不合理的变通和扭曲，企业税负的实际水平更多地受到税制运行质量的影响。

在具体的税收实践中，受财政收入政绩观的影响，我国长期存在着任务治税优于依法治税的做法，其基本状况是，上级政府每年向下级政府下达税收任务，当年的税收任务要比上年实现增长，基本上以上年的税收额为基数，通常是两位数的增速，且由上至下每经过一级政府，税收任务往往会进一步加码，无论是经济上行还是下行，均作为刚性命令执行。尽管新《预算法》实施后，对税收任务有所淡化，但实际操作中其运行惯性仍然强大。在此治税模式下，经济上升时期，经济产出多，税基丰厚，税收任务可足额甚至超额完成，但为保障后期任务完成，也同时做小任务基数，税务机关往往会"放水养鱼"，将应征收的税收放在纳税人处"留存"。在经济下行时期，为完成刚性增长的税收任务，又反过来"寅吃卯粮"，让纳税人将下年的税收在当年缴纳，即所谓的收"过头税"。从实质执行力上看，税收任务的完成情况而非依法征税的质量，是考核税务部门绩效的主要指标，也对官员升迁有着实质性的影响，其所引致的实际效应即是，决定税收实施的不是税法，而是税收任务，由此形成税收任务硬于税法规定、领导意志高于税收制度，导致税法沦为税收任务的附庸，也使得实际的企业税负水平并不完全取决于税法，而是具有人治的浓厚色彩。并且以保障税收收入任务完成为中心的治税模式，凸显税收收入总量，而不注重税收收入质量，使得税务机关更加偏重于征收成本低、征管阻力小、转嫁可能大的间接税和企业税，直接税由于征收成本高、征管阻力大而成为税务机关的次优选择，因此，在某种程度上，粗放型的任务治税模式强化了我国长期以间接税为主体的税收结构，也使得间接税和企业税的收入状况成为决定我国宏观税负水平的主要力量。

第三节 供给侧结构性改革导向下我国企业税负优化的目标定位

当前，在供给侧结构性改革导向下，我国企业税负的优化，应与我国中长期税制改革的基本方向相对接，凸显结构性减税的基本趋向，构建结构优化、负担公平、可持续发展的现代税负体系，推进我国税制体系与税收治理能力的现代化。

在税收理念上，应强化顶层设计，立足整体性、系统性、结构性思维，矫正过度偏重效率的税收观，将公平置于更加突出和更加重要的位置，在发挥税收筹措财政收入功能的基础上，着力发挥其对转方式、调结构、促转型的经济调控功能，构建收入与调节并重型税收体系。

在税制建设上，既注重宏观层面企业税负与自然人税负的结构优化、直接税与间接税的协调联动，又注重中观层面的税种协同及企业间税负均衡，也注重微观层面税种构造的科学规范及具体企业的税负增减调整，以形塑规范合理、协同有序、结构均衡的现代税负体系。

在税收治理上，应全面提升税制管理能力与税制实施能力，既要实现对税收优惠的规范、科学与法治化管理，又应全面统摄、即时追踪纳税人的涉税信息流，实现课税资料的综合归户管理，切实做到有税尽收与课税公平。

第四节 供给侧结构性改革导向下我国企业税负优化的原则导向

一 形式公平与实质公平相结合

在税负分配上，既要保障税收立法的公平，又要确保税收执法的公平；既要做到企业间税负的公平，又要做到自然人间税负的公平，还要做到企业与自然人之间税负的公平；既要保障"同等情况同等对待"的形式公平，又要实现"不同情况不同对待"的实质公平；既要做到名义税负的公平，又要力求实际税负的公平；既要遵循市场初次分配的规则公平，又要做好政府二次分配的起点公平与结果公平。

二 存量优化与增量扩容相结合

我国企业税负的优化，既要在现行税制体系下作"规则内选择"，通过税负的调减或调增，优化税负结构，例如"营改增"及资源税改革，又要突破现行税制框架，与我国中长期税制改革的基本方向相对接，做"规则间选择"，如推进社会保障费改税、清理收费，降低费负；既要清理既有的税负分配，又要重新布局税负结构，典型如税收优惠，既要清理过时、不公平、无效率的优惠政策，又要出台新的、精准、高效的税收优惠政策。

三 正向引导与负面约束相结合

企业税负的优化,既要通过"做减法"降低企业负担,又要通过"做加法"倒逼企业转型。通过减税降费,确立正向引导机制,降低企业运行成本,激发企业活力;通过增税加负,强化税负约束,确立负向压力机制,典型如绿色税负,迫使企业去产能、去库存、思转型,促进企业提质增效。在"结构性减税"的施力方向下,企业税负调整是"做减法"和"做加法"的有机结合,但算总账是"做减法"。

四 短期宏观调控与中长期税制改革相结合

一般地,税负优化有两种操作方式,一种是税制优化方式;一种是宏观调控方式。宏观调控方式注重相机抉择,具有权宜和时效特征,税收优惠是其通常抓手;税制优化方式注重制度建设,具有顶层设计和系统统筹特征。企业税负的优化,既要注重短期的减税效果,又要注重对中长期税制建设的影响;既要注重税收优惠的调控,又要关注税收优惠规模对税制体系的税基侵蚀,应将税制优化的税负调整与税收优惠的税负调整联动考虑,以确保税收操作方式的协同有序和整体税负布局的公平合理。

第五节 供给侧结构性改革导向下我国企业税负优化的操作指向

在供给侧结构性改革导向下,我国以"结构性减税"为基本特征的企业税负优化,其主要施力方向如下。

一 企业税负与自然人税负的布局优化

在税收总量既定的条件下,税负在企业与自然人之间的分配是此消彼长的关系。长期以来,由于诸多原因,我国将税负分配的重心置于企业纳税人之上,导致企业税负过重,经济运行成本加大。因此,基于整体性思维，我国企业税负的优化，应首先在总体上着力于企业与自然人之间的税负优化，在自然人税源日益丰厚和结构日益分化的现实条件下，将税负分配的重心逐渐向自然纳税人倾斜，增加自然纳税人的财政贡献度，为减轻企业税负腾出有效空间，以全面降低企业运行成本，激发市场活力。

二　直接税与间接税的增减改革

长期以来，与以企业税为中心的税收结构相对应，我国税制结构由间接税主导，畸高的间接税比重加大经济运行的"税楔"成本、加剧收入分配失衡、推升一般物价水平，而直接税具有税负分配公平、归宿明确、推进法治等优点，是现代税制的基本构成。因此，在供给侧结构性改革导向下，以"结构性减税"为施力方向，降低间接税比重，提升直接税比重，是我国现代税制构建的基本取向和企业税负优化的基本抓手。

三　税收负担与非税负担的结构调整

如前所述，不规范的税外"费权"导致我国企业的费类负担偏重、税费结构失衡。非税负担的比重过大，不仅削弱了税制实施的税基厚度，也制约着税制改革的拓展空间，典型如当前房地产类与资源类收费等，名目繁杂、政出多门，多环节收费、重复收费，不仅增加企业的奉行成本，也挤占了房地产税与资源税改革的税源基础。因此，进一步清理、规范、压减非税收入，降低费类收入比重，清洁税基结构，是结构性减税导向下企业税负结构调整的重要指向。

四　各类企业间的税负配置优化

一方面，由于历史与制度成因，实践中我国各类企业间的税负分配并非"一视同仁"，内资企业税负重于外资企业，港澳台企业税负重于外商企业，国有企业的税收优待强于民营企业，税收奉行度高的企业税负重于税收脱逃企业，使得税负分配的公平性降低，并在一定程度上诱发"劣币驱逐良币"现象，使得"公平税负"仍然是广大普通企业纳税人的强烈要求；另一方面，由于企业实力、治理结构、管理能力、承受能力、发展阶段等的差异，"一刀切"式的税费制度适用，导致中小微企业和部分行业的负担过重，对其生存与发展形成较大限制，在此状况下，等额税负的形式公平并非真正公平，体现实质公平的"不同情况不同对待"的差异化税政方案的实施，是部分纳税人迫切的现实诉求。

五 非标准化税制的规范与优化

长期以来，我国高度重视标准化税制的建设，而对以税收优惠为核心的非标准化税制建设则处于"放任"状态，导致税收优惠，尤其是区域性税收优惠过多、过滥，税制上"补丁上面打补丁"，且对税收优惠的总体规模测度不明，对其实施效果及公平性评估不足，形成一本"糊涂账"。繁杂的税收优惠不仅侵蚀了税基，也使得企业税负居高不下，对整体税制改革形成制约，亟待清理、规范与优化。

第六节 供给侧结构性改革导向下我国企业税负优化的路径选择

一 完善预算管理，深度清费正税，优化税基结构

一是实施全口径预算管理。针对当前我国公共财政预算、政府性基金预算、社保基金预算和国有资本经营预算四类预算单轨运行的现实格局，应以规范力推透明，以透明倒逼规范，尽快将四类预算以及债务预算归并纳入到统一审批、统筹安排的公共预算的"总盘子"，真正实现公共资金的"全口径"管理，将所有财政资金的收支及管理全面公开透明化。

二是全面清费正税。当前，应继续通过行政简政放权的方式大力清减行政事业性收费，并在将全部政府收入纳入预算统筹管理的基础上，按照法治、受益与成本补偿原则，全面清理、规范各项收费项目，取消不合理的收费，清理无对等服务的收费，整治、归并多头收费、多环节收费，减轻过重的收费，将具有税收性质的收费改为税收

（如社会保障费、环境排污费、教育费附加、地方教育费附加），切实降低企业纳税人的费类负担，全面清洁税基结构，为全面深化税制改革拓出空间。

三是可探索确立我国宏观税负水平的宪法性约束。通过在《预算法》或其他税收基本法律中，确立我国全口径宏观税负水平的上限，如规定政府收入规模占GDP的比重不能超过35%等，厘定政府参与国民财富分配的法治底线，抑制宏观税负水平缺乏制动机制的持续上扬，确保在"元规则"的控制下，企业纳税人对宏观税负水平形成稳定的法治预期，并通过结构性减税降低企业的实际税收负担，有效促进市场活力的充分迸发及经济竞争力的全面提升。

二 规范、整合间接税体系，降低间接税比重，做好企业税负的"减法"

一是实质降低增值税税负，加快现代增值税制度的完善。当前，应以整体性、普惠性、实效性为导向，瞄准当前经济运行的痛点、难点和盲点，以更高姿态、更大手笔、更大力度实施新一轮减税降负。实质性降低增值税标准税率，将13%、9%、6%三档税率简并统一，缩减小规模纳税人比重，提升一般纳税人规模总量，形成普遍征收、环环抵扣、单一税率的现代增值税体系，进一步降低生产流转环节我国供给体系的"税楔"成本，提高企业产品的质量和效率，并与直接税的比重提升形成呼应。

二是尽快推进社会保障"费改税"改革，降低企业社保缴款负担。下决心、下大力破除既有利益格局的掣肘，加快推进实施社会保障"费改税"改革，在统一、规范税制的基础上，进一步降低当前高达40%的社保负担率，削减企业负担，拓宽缴款基数，全面提高社会保障缴款遵从度，同时，以"统收促统支"，尽快推进基础养老金全国统筹，促进劳动力自由流动，积极应对人口老龄化的严峻挑战，推进实施社会保障基本公共服务的均等化供给。

三是改革完善消费税、资源环境税制。在当前能源资源紧约束的条件下，应进一步扩大资源税的调节面，将征收范围进一步扩大到不可再生、难以再生、再生周期长的资源以及稀缺性的可再生资源,并与消费税改革协同联动,强化对部分稀缺性绿色资源品的征收。同时,将定额税率与比例税率相结合,对居民需求弹性小的资源品(如盐)实行定额税率,对紧密关系化解过剩产能、促进供给结构优化、与价格联动的资源品,分步、稳妥推进从价计征改革,将从价计征方式由原油、天然气、煤炭进一步扩展至其他资源品目,并着力提高资源税的税率水平,强化特别税调节力度,促进价、税良性联动。加快推进环境税立法,推进实施环境排污"费改税"改革,全面提高环境使用成本,将环境负外部性内部化,导向环境友好型生产与消费。通过确立税负调增的负向压力机制,促使企业去产能、去库存,加快市场出清。

四是清理、规范、整合税收优惠,健全非标准化税制,提高减税实效。首先,应明确税收优惠的原则、依据与决定程序。由全国人大统一立法,明确税收优惠的法治、公平、效率、实效原则,明晰税收优惠的公共政策依据及一般化标准,改变当前由行政主导的因人设法、因事设法的不规范格局,确定由国务院拟定、全国人大及常委会审核的税收优惠决定程序,并确立税收优惠的事前评估、事中跟踪与事后反馈的绩效评价机制。其次,全面清理、整合、规范税收优惠。着力清理当前已经不合时宜的区域性税收优惠政策,清理因人优惠、因事优惠的个别化税收政策,取消过时、无效、低效的税收优惠政策,整合散落的、重复的、冲突的税收优惠政策,规范税收政策实施的地区和部门自由裁量权,对内外资企业、国有企业和民营企业一视同仁,全面提高税收立法与税制执行的公平性;从供给侧施力,实施公平规范、有效运行、各税种联动的科技、产业、中小微企业、节能环保等系统性、集成性税收优惠政策,减少税基侵蚀,实现精准调控,对小微企业实施普惠性税收减免,为有效降低企业税负、拓宽税基、规范税制确立基础。

三 健全、完善直接税体系,提高直接税比重,做好自然人税负的"加法"

一是全面提升涉税信息管理能力,夯实直接税改革与征管的实践基础。在当前由国土部门主导统合不动产统一登记的基础上,由国税总局主导统筹全国纳税人的收入、支出、动产、行为等多元涉税信息的综合归集,建立健全纳税人税务号码制度、支付方强制扣税制度、规范现金交易制度等,并与不动产信息实现对接归户,形成全国统一集中的涉税资料综合信息库,将隐蔽涉税信息显性化,流动信息监控化,多元信息归集化,跨域信息内部化,虚拟信息真实化,分散信息综合化,原始信息精细化,充分挖掘应征未征、征收不足、难以征收的税源,全面拓宽税基掌控面,强化依法征收力度,突破长期以来制约直接税改革与征管的信息严重不对称"瓶颈"。

二是深入推进综合与分类制个人所得税改革。在对纳税人多元收入信息进行综合归户、即时跟踪的基础上,对当前彻底的分类制个人所得税进行综合制改革,将纳税人除利息收入外的所有收入进行统合归并,实行综合累进征收,改变长期以来个人所得税主要由工薪阶层负担的失衡格局,加大对高收入阶层的综合计征分量,有效提高直接税收入及其占税收收入比重。

三是加快推进现代房地产税改革。在对不动产信息充分掌控的基础上,清理、归并房地产流转环节税费,由全国人大统一立法,尽快在全国范围内开征居民个人房地产税,本着首套住房轻税、二套及以上住房、大户型房、别墅重税的原则,科学设定标准税率、递增税率与税收优惠,具体免税范围、税率水平等可依据差异化原则,由地方在法定框架内自行确定,以培育地方主体税源,调节收入分配差距,增加直接税与存量税占税收收入比重。

四是适时开征遗产与赠与税。遗产赠与税以纳税人的综合性收入、财产为课税对象,综合分类个人所得税与房地产税的开征运行,将为遗产与赠与税开征确定税制基础,三税之间紧密的勾稽关系,形成现代直接税公平税负分配的税种协同体系。

第八章　推进供给侧结构性改革的现代金融体系框架

党的十九大报告作出了我国经济已由高速增长阶段转向高质量发展阶段的重大战略判断，提出了建设现代化经济体系的目标要求。建设现代化经济体系，需要将深化供给侧结构性改革作为首要任务，把发展经济的着力点放在实体经济上，着力提升经济发展质量。在此背景下，推进供给侧结构性改革迫切需要与之匹配的现代金融体系框架。

推进供给侧结构性改革的现代金融体系框架应由现代金融服务体系、金融调控体系、金融创新体系和金融监管体系等多个部分共同组成。其中，现代金融服务体系建设应做到回归本源，立足金融服务实体经济的根本职能，绝不能够偏离金融服务经济社会发展的初衷。现代金融调控体系建设应以精准高效为目标，深入贯彻新发展理念，进一步完善宏观调控和政策引导，推进金融资源配置市场化、绿色化，提升金融调控科学化、精准化水平。现代金融创新体系应侧重于激发创新活力，通过理顺创新体制机制，推进科技金融深度融合，实现金融新业态新模式的爆发式增长。现代金融监管体系应以统筹协调为主要目标，加强央地协调配合，不断强化金融监管能力和监管科学化建设，为现代金融科技的健康稳定运行提供坚实保障。

第一节　回归本源的现代金融服务体系

习近平总书记在中共中央政治局第十三次集体学习时强调，金融要为实体经济服务，满足经济社会发展和人民群众需要。深化金融供给侧结构性改革必须贯彻落实新发展理念，强化金融服务功能，找准金融服务重点，以服务实体经济、服务人民生活为本。上述科学论断进一步明确了现代金融服务体系建设的基本方向。具体而言，构建回归本源的现代金融服务体系可从以下方面着手。

一 更加健全的多层次资本市场体系

资本市场是现代金融服务体系中的重要融资渠道。改革开放伊始，我国资本市场伴随着计划经济向市场经济转变的历史进程而生，在不同的历史阶段，在推进股份制改造、国有企业改革、优化社会资金配置等方面发挥了重要而积极的作用。经过多年的发展，目前我国多层次资本市场体系已基本建立，包括主板、中小板、创业板、区域性股权交易市场、全国中小企业股份转让系统、券商柜台市场、股权投资市场等在内的多层次资本市场体系。资本市场的直接融资功能日益显现。2018年资本市场共实现直接融资7.1万亿元，其中核准105家企业IPO，完成融资1378亿元。上市公司再融资约1万亿元。新三板、区域性股权市场分别实现融资604亿元和1783亿元。交易所债券市场发行各类债券5.69万亿元，并购重组交易金额达2.58万亿元[①]。

随着供给侧结构性改革的不断深入，与经济高质量发展相匹配的直接融资需求将进一步增长，对于健全多层次资本市场提出了更高要求。近年我国资本市场一项重要改革举措是上海证券交易所设立科创板并试点注册制。随着科创板的设立及注册制的试点推广，一方面，实体经济中大量新兴主体的直接融资需求将以更低的成本和更高的效率得以满足，金融服务实体经济的目标得到实现；另一方面，社会资金获得更广泛的投资渠道，资金等各类生产性资源的效率将得到进一步提升。

---

① 数据来源：新华网报道《证监会：七方面推进资本市场改革2018年实现融资7.1万亿》，新华网北京2月27日电（记者 高畅）。

与此同时，还应针对实体经济特别是中小微企业和创业创新企业的融资需求，稳步发展股权众筹融资。通过严格规范股权众筹平台，为初创企业的风险社会化分担提供更加畅通的渠道。最终，形成更加稳定全面健康发展的多层次资本市场体系，夯实现代金融服务体系基础。

二　显著降低的实体经济融资成本

实体融资成本问题是现代金融服务体系建设中亟待解决的难题。长期以来，实体经济特别是民营经济融资成本过高的问题客观存在。据清华大学经管学院中国金融研究中心2018年2月发布的《中国社会融资环境报告》显示，我国企业平均融资成本7.6%，银行贷款、公开发债和承兑汇票方式融资的占比权重最高，分别为57.19%、15.19%、10.37%，三种方式的平均融资成本分别为6.6%、6.68%和5.19%。上市公司股权质押、保理方式的平均融资成本分别为7.24%和12.1%，而融资租赁、小贷公司和互联网金融方式的平均融资成本则高达10.7%、21.9%和21%[1]。显然，大型企业、上市公司的融资能力更强且融资成本更低，中小微企业不得不接受更高的融资成本，制约了其转型升级。

实体经济融资贵的根源更多的是结构性矛盾。降低企业融资成本应坚持深化供给侧结构性改革，将提高供给体系质量作为主攻方向。一方面，积极提升金融供给质量，从金融制度改革入手，着力解决制约金融资源服务实体经济发展的体制机制问题，进一步畅通金融资源配置渠道，优化资金配置效率；另一方面，大力支持传统产业优化升级，对于落后产能淘汰、传统企业技术改造等重点领域予以倾斜，确保实体经济降成本与提质量的并行不悖。

三　不断提升的金融对外开放质量

深化改革开放是现代金融服务体系建设的必然要求。改革开放

---

[1] 数据来源：《中国社会融资环境报告》，清华大学经管学院中国金融研究中心2018年2月发布。

以来，我国稳步推进了金融业对外开放的进程。1979年，日本输出入银行成为首家在中国设立代表处的外国金融机构。20世纪90年代初期，相继开始发行B股、H股、N股和S股。1994年开始实行"以市场供求为基础的、单一的、有管理的浮动汇率制度，"人民币汇率形成机制的市场化程度进一步提升。自加入WTO起，我国就作出了银行业、证券业、保险业开放的一系列金融开放承诺。2015年底，我国利率市场化已在政策层面完成。汇率制度更加具有弹性，形成了"以市场供求为基础、参考一篮子货币进行调节、有管理的浮动汇率制度"。股票市场、债券市场的双向开放程度不断提升。

但是，与全球经济地位和国际影响力相比，我国金融双向开放水平仍有显著的提升空间。无论是深入推进我国金融供给侧改革还是增强金融服务供给侧改革的能力，均需要继续扩大金融对外开放，着力提升金融双向对外开放质量。应将扩大金融高水平双向开放质量作为服务于我国重大战略需求的重要手段。一方面，根据国际经济形势变化不断创新开放举措，鼓励有优势的金融机构"走出去"，大力提高我国金融业在全球的竞争力；另一方面，控制好金融开放节奏，积极稳妥将国外金融资本和金融机构"引进来"，通过逐步推进国内金融市场有序竞争、优胜劣汰，实现金融业供给侧改革目标。

四　有序发展的现代消费金融

消费金融是金融服务实体经济的重要切入点。金融的核心问题是对现有资源或财富进行最优化配置。配置的方向可以分为生产和消费两个方面，其中前者是为了扩大资源或增加财富；后者则是利用已有的资源来最大程度地满足经济需求。显然，生产最终是为消费服务的。从理论上讲，消费金融所关心的，正是金融所关心的基本问题。随着供给侧改革的推进，消费在国民经济增长中的地位更加凸显。2017年，我国全年最终消费支出对国内生产总值增长的贡献率为

58.8%[①]；2018年，我国全年最终消费支出对国内生产总值增长的贡献率高达76.2%[②]。

消费金融能够促进居民消费需求的持续健康增长，并通过增强社会最终消费需求，对企业生产经营活动产生导向作用。因此，发展现代消费金融，是加快推进供给侧结构性改革、优化要素资源配置效率、提升经济增长质量的必然要求。较发达国家相比，我国消费金融发展有较大的空间，在市场总体规模和消费金融服务供给质量等方面仍存在不足。构建健康有序发展的现代消费金融体系，还需要在消费金融市场规范、消费金融供给主体培育、消费金融风险防控等方面进一步深入推进。

五 稳步提升的金融普惠化程度

提升金融普惠化程度是金融供给侧改革的重要目标。推进金融普惠化程度提升，既是解决金融发展不平衡、不协调问题的重要抓手，也是深化金融供给侧改革，实现金融从规模扩张转向高质量发展的必然要求。近年来，我国以"政府引导和市场主导"相结合作为基本经验，在金融账户普及率、储蓄普及率、小额支付和信贷等多个普惠金融的具体方面取得了明显成效，多层次、广覆盖的普惠金融体系已基本形成。G20杭州峰会通过了《G20数字普惠金融高级原则》，为利用数字技术发展普惠金融开辟了新空间。受益于互联网基础设施建设和移动支付技术的普及，我国数字普惠金融呈现出高速发展的态势。2017年，全国使用电子支付成年人比例为76.9%，农村地区使用电子支付成年人比例为66.51%。全国银行网点乡镇覆盖率平均达到96%，有70%的省份银行网点乡镇覆盖率已达到100%[③]。

---

① 数据来源：《中华人民共和国2017年国民经济和社会发展统计公报》，中华人民共和国国家统计局2018年2月28日发布。

② 数据来源：《中华人民共和国2018年国民经济和社会发展统计公报》，中华人民共和国国家统计局2019年2月28日发布。

③ 数据来源：《2017年中国普惠金融指标分析报告》，中国人民银行金融消费权益保护局2018年8月13日发布。

尽管已取得了诸多成就，我国金融普惠化程度仍有巨大的提升空间。就全国而言，城乡、区域间金融发展不平衡的问题客观存在。对小微企业和农业生产经营的信贷支持仍存在短板；数字金融发展所引发的"数字鸿沟"现象需要更广泛关注；边远地区的金融服务可得性问题在一定时期内仍将存在。推进金融普惠化程度稳步提升，需要在加强金融基础设施建设、完善普惠金融配套政策和机制，加强对弱势群体的金融支持力度等方面持续推进。

综上所述，构建回归本源的现代金融服务体系，需要补齐金融领域的多个短板，在多层次资本市场建设、增强金融服务实体经济能力、扩大金融双向对外开放等方面持续发力，特别是要大力发展科技金融、绿色金融、消费金融和普惠金融，夯实推进供给侧结构性改革的现代金融体系的基础。

第二节　精准高效的现代金融调控体系

党的十九大报告将创新和完善宏观调控作为加快完善社会主义市场经济体制的重要内容。在现代金融体系框架中，精准高效、调控有度的现代金融调控体系同样是关键性的组成部分。具体而言，适应供给侧结构性改革要求的现代金融调控体系建设应朝以下方向努力。

一　"双支柱"调控框架更加健全

党的十九大报告提出，健全货币政策调控框架和宏观审慎政策"双支柱"调控框架。我国传统的金融监管框架是以"微观审慎"为原则，更多关注于金融市场中个体行为。而随着金融业的飞速发展，特别是互联网技术与金融的不断结合，金融市场间个体间的联系愈发密切，金融风险的传染性和扩散速度十分惊人。"宏观审慎"原则应用于金融调控与监管，对于国家金融稳定和防控系统性风险具有重要的意义。陈旭（2017）对该框架的解读是，宏观审慎政策主要针对系统性金融风险，用意在于维护金融稳定；同时，货币政策可将着重点放在经济增长和物价稳定等方面。易宪容（2018）认为该框架是未来我国金融政策的新框架及新战略,亦将是国家金融稳定的准则。调控框架的重心,应该放在加快金融市场价格机制的市场化改革上。

健全"双支柱"调控框架,是对宏观调控方式的有力创新,要做到统筹协调。一方面,应充分把握金融领域发展特征,聚焦系统性金融风险防范和化解。逐步将各类金融市场均纳入监管范围,努力实现金融监管的无死角;另一方面,应统筹实施货币政策调控和宏观审慎政策,在充分发挥货币政策保增长的政策功能的同时,从宏观层面防控好金融风险,守住底线,确保不发生系统性金融风险。

二 利率和汇率市场化形成机制基本建立

深化利率和汇率市场化改革是推进金融改革的重要抓手。加快形成利率和汇率的市场化决定机制是影响微观主体活力和制约宏观调控传导的重要因素。

自1996年放开银行间同业拆借利率以来,我国利率市场化改革不断深化。2013年和2015年,央行先后放开商业银行贷款利率下限和存款利率上限,基本放开了利率管制。下一步,利率市场化改革的方向将是"两轨并一轨",即逐步实现存贷款基准利率和货币市场利率统一。利率市场化决定机制的形成,将有效促进市场资金的自由流动,缓解企业融资难题。完善市场化的利率形成机制,在提升金融资源配置效率的同时,亦会提高央行政策调控的传导效率,实现货币政策调控由数量型调控为主向价格型调控为主的转变。

发挥市场在汇率形成中的决定性作用是我国汇率改革的方向。在有管理的浮动汇率机制下,现阶段汇率市场化改革应以外汇市场体系建设为重心。不断发展多层次外汇市场,加强市场基础设施建设,丰富外汇交易产品,加快外汇衍生品市场建设,稳步拓宽居民参与外汇市场交易的渠道,最终形成多层次、多元化的外汇市场体系,从而为汇率市场化改革奠定坚实的基础。

三 金融调控政策体现适度区域差别

我国区域发展差异和区域金融发展差异客观存在。在全国统一的货币政策背景下，由于区域经济、金融发展广度和深度的不同，货币政策效果难以实现预期目标。同时，金融调控政策的制定主要考虑全国总体情况，而欠发达地区由于其产业结构、金融发展水平等方面的相对落后，在面临统一的调控政策时，往往会受到更大冲击。因此，在精准高效的现代金融调控体系中，金融调控政策需要体现出适度的区域差别。

实现金融调控政策的适度区域差异，可以从多个方面着手。一是可以为特定地区提供符合地区特色的制度保障，从而为落后地区发展提供更加宽松的金融环境；二是推进区域金融政策与区域发展政策特别是区域产业政策相协调。例如美国将促进落后地区自然保护、缩小收入和生活水平差距作为区域金融政策主要目标。日韩等国曾经出台差异化的再贴现政策，鼓励金融机构对战略性产业提供融资支持；三是积极发挥政策性金融机构的职能，探索为特定区域提供所需的政策性金融服务。

四 金融资源供给的政策导向更加明确

深化金融供给侧结构性改革，提高宏观调控的精准度，需要加强对金融资源供给有针对性的政策引导。现代化经济体系建设需要通过推动金融结构优化为现代产业体系发展、现代市场体系构建、区域协调发展和绿色发展提供更加精准的金融服务，而仅靠市场手段难以全面完成这一任务。因此，有必要通过金融政策调控，特别是加强财政金融政策协同调控，引导金融资源供给流向特定领域，实现精准调控和金融资源精准支持。

具体而言，一是要坚持精准支持，明确金融"为实体经济服务，满足经济社会发展和人民群众需要"的政策导向，创新财政金融政策协同工具，重点支持金融资源流向战略新兴产业、实体经济、民营经济；二是要坚持绿色导向，加大力度发展绿色金融，壮大相关绿色产业，推动传统产业提高改造升级实现绿色发展；三是推进协调发展，更加注重城乡之间、区域之间金融资源配置的公平性，出台系列配套措施，鼓励金融机构为乡村振兴、欠发达地区发展和脱贫攻坚等国家重大战略实施提供资金支持。

第三节 活力迸发的现代金融创新体系

创新是金融发展的主要动力源。党的十八大确立了创新驱动发展战略，党的十九大提出创新是引领发展的第一动力。现代金融创新体系是现代金融不可或缺的组成部分，通过塑造利于金融创新、科技金融深度融合的制度环境，加速金融新业态新模式的发展，为金融供给侧结构性改革增添活力。

一 金融创新体制机制进一步理顺

金融创新是在既定制度环境约束下进行的，产权制度、管制制度、法律制度等是最为重要的外在制度因素（马运全，2011）。外部制度环境对于金融体系的资源转化、资本配置、契约执行等功能的有效运转均会产生不同程度的影响。现阶段，尽管我国金融市场化改革不断深化，但在明晰金融产权、完善金融监管和调控制度、健全相关法律制度体系等方面，仍有一定的改革空间。

现代金融创新体系建设，首要的问题是解决制度层面的约束，即理顺金融创新体制机制。一是加强金融创新的法律制度建设，在为金融改革和创新提供坚实法治保障的同时，严防金融创新突破法律底线。二是妥善处理金融创新和管制的关系，应充分认识金融创新对于金融发展的积极作用，鼓励各类金融机构立足自身优势开展金融创新试点，鼓励满足经济发展和人民需求的不同类型金融产品和服务创新，稳妥推进金融衍生产品创新；同时，重点规范金融市场创新秩序，健全金融产品和服务创新的备案制度。三是加强金融知识产权保护，加大金融领域的知识产权保护力度，充分激发金融机构创新积极性，引导金融机构通过创新提升服务实体经济和经济发展的能力。

二 科技金融不断实现深度融合

科技金融是科技创新和金融创新的有机结合。科技和金融的深度融合，以及金融科技的广泛深入运用将是金融创新的重要途径。同时，科技创新所引发的金融科技进步，又将为深化金融创新提供强有力的工具。近年来，我国科技金融进入高速发展阶段，金融对科技创新的支持力度不断加大。伴随着互联网经济的飞速发展，金融科技研发和应用面临前所未有的宝贵机遇，人工智能、大数据、云计算等技术日渐成熟，为科技金融深度融合奠定了愈加坚实的基础。但是，科技金融在发展模式、中介服务体系建设、融资工具创新、风险分担机制等方面，仍存在不足。

实现科技创新和金融创新的良性互动，需要从两方面着手：一方面，继续加大金融资源对科技创新的倾斜力度，紧扣科技发展需求出台科技金融支持政策，逐步构建多元化的科技金融服务体系，鼓励社会资本参与科技领域风险投资，切实健全金融服务科技创新的体制机制；另一方面，积极发挥科技创新对金融创新的促进作用，大力推进金融科技发展，做好人工智能、大数据、区块链等数字经济新技术的研发和在金融领域的应用，充分将最前沿金融科技与金融业供给侧结构性改革相结合，实现金融业的高质量发展。

三　金融产业业态模式创新优化

新业态新模式是金融创新的具体体现。伴随着经济社会的发展，产业结构、消费结构必然不断发生变化，相应地造成金融需求的动态调整。为满足这一需求变化，需要金融产业中的业态模式不断创新优化，持续提供创新型的金融产品和服务。从这一角度讲，金融新业态新模式的发展既是金融创新的成果体现，更是金融供给侧改革深化的目标之一。近年来，立足于"互联网＋金融"的互联网金融业态和基于"消费升级＋金融"逻辑的消费金融业态不断创新，丰富了金融服务供给。互联网金融、科技金融、普惠金融、绿色金融、小微金融等一批新业态金融模式得到快速发展，充实了金融服务体系。尽管如此，我国经济向高质量转变的进程中，金融需求的多元化程度必将不断提升，因此仍需要持续创新优化金融业态和模式，努力满足这一历史进程中的金融新需求。

金融业态和模式创新，应关注两方面的问题。一是关注自身服务定位，即明确金融为实体经济服务的总体定位，金融创新应契合经济社会发展和人民群众的需求，减少金融资源闲置；二是处理好创新和风险的关系。业态和模式创新的推广前应做到充分论证，稳妥试点和科学监管，着力避免创新不当所引发的金融风险，最大限度的消除创新可能带来的副作用。

第四节　统筹协调的现代金融监管体系

金融监管是金融业健康发展的重要保障。统筹协调的现代金融监管体系，是维护金融服务体系稳定运行的基石，是实现金融政策调控渠道畅通的土壤，亦是金融创新有序推进的保障。健全推进供给侧结构性改革的现代金融体系框架，需要完善系统性风险防控机制，加强央地金融协调监管，实现科学化监管。

一　系统性金融风险防控体系成熟完善

党的十九大报告提出了健全金融监管体系，守住不发生系统性金融风险的底线的要求。伴随着金融全球化的进程，金融市场网络效应显著增强，对于风险的放大效应和共振效应增强，加之全球金融市场趋同性和单一性特征，次贷危机对全球金融市场的冲击出乎想象。次贷危机以来，加强系统性金融风险的监管已成为全球监管的共识。就我国而言，金融风险防控体系改革亦在深化，2017年成立了国务院金融稳定发展委员会；2018年合并银监会和保监会为银保监会，形成"一委一行两会"的金融监管新格局。在新的监管框架下，金融监管的系统性、协调性显著增强，金融风险的防范和化解能力得到了进一步提升。

随着以中央银行为核心的宏观审慎管理框架的逐步确立，金融体系抵御区域性金融风险的能力得到针对性的加强。但是，仍需要增强各监管部门间的协调配合。一方面，各监管部门应对可能引发系统性金融风险的重点领域及其中的关键节点进行重点监测，并及时沟通；另一方面，对于金融创新所产生的新业态新模式予以及时研究了解，加快纳入监管框架，特别是对于难以确定监管责任的金融创新活动，要及时跟进，统筹分工，避免监管"真空区"的形成。

二 央地金融监管协调机制进一步健全

我国经济发展的区域差异明显，不同地区的经济结构不同，金融发展水平亦存在较大差异。宏观层面的金融调控和金融监管宏观政策，适用于全局，因此以规模调控作为重点，其效果难以避免地受到地区差异的影响。随着供给侧结构性改革的深入，经济金融的结构性问题逐渐显现，区域差异化等问题则将成为制约金融监管效率的重要因素。与此同时，金融监管的中央事权正在逐渐转化为央地共同行使，地方政府在金融监管职责和风险处置方面将承担更多的责任，这也对统筹宏观监管政策和地方具体措施提出了更高的要求。

针对这一现实需求，应着力健全央地金融监管协调机制，并以此作为推进金融监管体制改革的重点。一是探索制定区域性的金融监管政策，根据经济金融发展程度，划分若干监管区域，实施差异化的金融监管措施；二是加快推进地方金融立法，明确地方金融监管规则和范围，提高地方监管权威性；三是理顺央地协同监管的沟通机制，对于已产生一定区域性影响的金融创新活动，及时纳入监管视野，并适时出台相关政策。

三 金融监管科学化水平大幅度提升

金融监管技术和手段的现代化、科学化同样是现代金融监管体系建设的必然要求。在经济全球化的大趋势下，金融风险的传染性持续增强。同时，金融科技高速发展，金融创新频率不断加快，金融监管面临前所未有的挑战。近年来我国经济金融管理能力和防控风险能力不断提升，构建宏观审慎监管体系的同时积极参与国际金融治理，大量运用新技术新手段，金融监管科学化水平显著提升。

为顺应现代金融业发展需求，还需要从三个方面着手进一步提升金融监管能力。一是注重运用新兴数字技术。在互联网经济的大背景下，充分利用大数据、人工智能、区块链等新技术，实现信息搜集、数据分析和重点领域检测的数字化、即时化，切实提高金融监管的科技化水平。二是加快新监管模式探索。积极探索"沙盘式"监管模式，平衡好风险防范和鼓励金融创新之间的关系。三是加强对新模式新业态的研究。针对不断涌现的跨界新业态、复杂的金融创新产品，以及与互联网深度融合的金融服务新模式，及时开展深入研究，杜绝监管盲区。

第九章 科技金融对供给侧结构性改革的影响及路径

第一节 科技金融对供给侧结构性改革的影响

一 科技金融在供给侧结构性改革中的地位

党的十九大报告明确提出要"着力加快建设实体经济、科技创新、现代金融、人力资源协同发展的产业体系""深化金融体制改革，增强金融服务实体经济能力"。科技金融作为科技创新与现代金融的有机结合点，将成为金融推进供给侧结构性改革的关键力量之一，在提高企业科技创新能力、促进产业优化升级等方面担当重任，以创新驱动我国经济高质量发展。

（一）科技金融是践行创新发展理念的有力支撑

党的十八届五中全会创造性地提出创新、协调、绿色、开放、共享的发展理念。"五大发展理念"是我国改革开放40年多来发展问题的经验总结与理论提升，是"十三五"期间乃至更长时期经济社会发展的理论指南与着力点。供给侧结构性改革需要以新发展理念为引领，把"创新发展"贯穿改革始终。科技创新是提高供给质量和水平的发力点。科技创新已经成为我国经济发展的动力引擎。前沿技术研发、科技成果转化都离不开金融的强力支持。科技金融作为科技与金融深度融合的产物，能够补齐金融支持科技创新短板，提高金融服务实体经济的效率。

在供给侧结构性改革的深入推进阶段，发展科技金融是实现经济由要素、投资驱动向创新驱动转变的重要举措。围绕我国经济结构转型升级，不断完善支持创新创业的金融供给体系，实现科技金融深度融合，有效满足科技企业与新兴产业融资需求。金融资源向核心技术攻关与成果转化领域配置，进一步提升企业创新能力与核心竞争力，更好地发挥创新在供给侧结构性改革中的作用，进而以科技进步和技术创新引领经济持续增长。

（二）科技金融是提高资源配置效率的必然选择

加快发展具有高技术含量的高收益部门是提高资源配置效率关键（王珺，2018）。金融作为现代经济的核心，金融资源的配置效率决定了社会资源的配置效率。现阶段，银行信贷资金配置效率不高，直接融资体系尚不发达，市场机制不完善，大量资金配置在低效领域，作为创新主体的科技企业没有得到足够的金融支持。科技金融是以科技创新及其产业化发展需求为主导方向，形成需求导向型的资金配置模式（林伟光，2014）。在优胜劣汰的市场机制中，完善的科技金融体系平衡传统金融在资源配置方面的偏差，促进金融资本"脱虚向实"，进而加快科技企业创新进程，加速技术密集型的高附加值产业的培育与成长。高科技产业的发展拉开不同部门间资源收益率差距，引导生产资源向高效率的产业和部门流动，提高资源配置效率。伴随着科技金融新业态、新模式的涌现，金融行业可以将更多的社会资源配置到高科技领域，促进实体经济转型升级，有效对接深化供给侧结构性改革的任务要求。

（三）科技金融是优化金融结构的有效途径

科技金融融合发展弥补我国金融业发展短板，构建多层次、广覆盖的金融体系结构，推动金融回归服务实体经济本源。第一，科技金融丰富金融机构体系结构。科技金融融合催生科技银行、风投和科技保险等新型金融业态，促进金融机构之间的合作与创新，拓宽金融机构的生存发展空间，形成分工协作、联动发展的金融体系。第二，科技金融促进融资结构的优化。首先，科技金融扶持政策、风险补偿与分担机制的不断完善激励商业银行贷款投向高新技术领域，改善信贷资源过度集中于国有企业、政府项目的现象，优化信贷资源配置结构。其次，面对科技企业的客观需求，需要资本市场不断完善科技融资服务功能，提升科技企业直接融资比重与效率，改善当前我国以间接融资为主的融资结构。

二 拓宽科技企业融资渠道，降低融资成本

长久以来，金融资源有效供给不足，融资难、融资贵现象普遍存在。进一步促进科技金融融合是化解企业融资困局的重要举措。一是科技金融融合促进资本市场细分与发展，发挥直接融资优势。相比银行信贷，资本市场具有更加有效的风险分担机制。当企业面临的技术风险和市场风险较高时，资本市场对企业的支持力度要超过商业银行。在一个完善的科技金融体系中，各层次资本市场定位清晰，为科技企业提供差异化金融服务，大幅提高直接融资比重。此外，科创板设立和注册制试点作为我国资本市场重要的增量改革，有望进一步拓宽科技企业股权融资渠道。二是科技金融创新产生金融新业态、新工具。比如科技保险和科技担保分摊企业融资风险，提升科技企业融资效率，降低实体经济融资成本。

三 促进科技成果转化与产业升级

科技金融深度融合，能够提升金融功能与科技创新的契合度，进而推动产业转型升级。首先，风险投资能筛选并发掘优质科技企业，增强金融资本对初创期科技企业的支持力度与精准度，提升企业在科技创新与成果转化中的主体作用，推动新技术、新材料和新装备等科技成果的转化应用。其次，健全的科技金融中介组织，可以推动科技资源与金融资源的有效对接，有助于科技与金融的协同发展和有机联动，增强金融支撑科技成果转化的连续性和衔接性，提高金融服务与科技成果转化的匹配度，是引导金融资源流向科技成果转化的关键环节（邱兆祥，2015）。最后，科技资本市场体系的建设与完善，重点支持新一代信息技术、高端装备制造等战略性新兴产业的发展。此外，市场机制激励传统产业与云计算、人工智能等新技术深入结合，顺应产业数字化、智能化趋势，促进传统产业转型升级。以服务供给侧结构性改革为导向，构建多层次科技创新金融支持体系，更好地发

挥金融在促进科技成果转化和产业升级的关键作用,加快经济结构优化升级。

第二节 科技金融的概念与运行机制

一 科技金融的概念

目前,学术界对科技金融的理论基础研究还不成熟,"科技金融"的概念尚未达成共识。赵文昌等人率先明确提出科技金融的定义:科技金融是促进科技开发、成果转化和高新技术产业发展的一系列金融工具、金融制度、金融政策与金融服务的系统性、创新型安排,是由科学和技术创新活动提供金融资源的政府、企业、市场、社会中介机构等各种主体及其在科技创新融资过程中的行为活动共同组成的一个体系,是国家科技创新体系和金融体系的重要组成部分(赵昌文、陈春发、唐英凯,2009)。房汉廷(2010)认为科技金融本质包括至少四个方面的内容:第一,科技金融是一种创新活动,即科学知识和技术发明被企业家转化为商业活动的融资行为总和;第二,科技金融是一种"技术—经济"范式,即技术革命是新经济模式的引擎,金融是新经济模式的燃料,二者合起来就是新经济模式的动力所在;第三,科技金融是一种科学技术资本化过程,即科学技术被金融资本孵化为一种财富创造工具的过程;第四,科技金融是一种金融资本有机构成提高的过程,即同质化的金融资本通过科学技术异质化的配置,获取高附加回报的过程。

总体来看,科技金融对接科技创新和金融资源,是科技产业和金融产业深度融合的产物。与传统金融相比,科技金融以支持科技创新与进步为目的,其风险容忍度更高,服务链条涉及科技企业发展的每个周期,覆盖新技术研发、推广到产业化的各个阶段。在科技金融融合的过程中,科技与金融相互促进、联动发展,切实发挥科技创新和金融创新的叠加效应,以创新支撑引领经济高质量发展。

二 科技金融运行机制

金融发展对科技体制创新的影响,主要体现在对科技创新的资本形成、风险分散、信息揭示和激励约束的作用上来,因此下文我们将分别阐述金融支持科技体制创新的作用机制。

(一) 科技金融的资本形成机制

科技创新活动具有高投入、周期长的特征,科技企业在创新过程中需要大量资本投入。因此资本形成始终是科技创新能否成功的重要因素之一。金融市场和金融中介恰恰能够有效解决科技创新中存在的资金瓶颈问题。麦金农在分析投资与技术创新两者之间的关系时,强调了金融体系在科技创新资本形成中发挥的重要作用。金融体系能够通过各种金融工具,有效汇集个人和家庭中的资金并投入到具体的投资项目中,从而推动技术创新活动的发展。

分别来看金融中介和金融市场对科技创新资本形成的作用机制。金融中介能够通过政策性金融的纠偏补缺,并且发挥有效的倡导机制以及推动商业性金融的竞争机制,商业性金融机构通过市场机制向科技企业提供中短期资金支持,最终实现对科技创新的资本形成机制。但是,金融中介很难完全满足科技企业的融资需求,金融市场的多层次结构能够有效解决这一难题,为科技创新开辟新的融资渠道。与金融中介相比,金融市场对科技创新的资本形成机制更为宽泛和影响更为深远,建立多层次的资本市场可以为不同类型科技企业提供资金土壤,从而充分发挥企业家的创新能力,产生更多的科技创新活动。

(二) 科技金融的风险分散机制

如何有效规范、防范和化解创新风险一直是科技企业关注的焦点所在。金融体系则能有效解决上述问题,发挥对科技创新的风险分散作用。金融体系的流动性创造功能可以让投资者将投资项目迅速变现,从而达到长期资本形成和优化资源配置的目的。金融中介能够有效匹配流动性与收益,引导资金增加在流动性较差而收益率较高资产上的投资,从而推动科技创新活动。金融市场对流行性风险的分散机制主要是实现不同投资者之间流动性调剂,其有效性往往与金融市场流动性以及系统性冲击是否发生直接相关，金融市场流动性越高，资本市场不容易遭受系统性流动性冲击，金融市场对科技创新的风险分散机制就越为有效。此外，金融体系还通过收益率风险管理来发挥对科技创新的风险分散作用。金融体系分散收益率风险共包括两大功能，首先是横向风险分担功能，即金融体系向投资者提供不同种类金融工具，将创新主体面临的风险分散到不同投资者手中，从而减轻投资者对特定风险的厌恶程度。其次跨期风险分担则是通过不同时期均衡投资得失，避免金融资产价格的大幅波动，从而达到平滑不同期限投资收益的目的。

（三）科技金融的信息揭示机制

创新具有突发性和偶然性，科技项目复杂性高、专业性强，有效估计科技企业的发展前景需要付出高昂的信息成本。高信息成本门槛往往成为资金流向科技创新项目的重要障碍之一。相对于单个投资者评估科技创新的高昂成本，金融体系具有专业化和规模化优势，可以较为容易获取相关信息，判断科技成果价值，促进科技成果产业化。以商业银行为代表的金融中介通过科技贷款业务的发展不断积累项目经验，并形成一套严格的评估审核、风控监督程序，有效缓解信息不对称问题。金融市场则提供直接交易平台。随着资本市场规模的增大以及流动性的提升，市场参与者获取公司信息和评价潜在市场价值的积极性得到提高。在市场机制作用下，公开的价格反映了投资者对科技创新项目的综合评价，投资者能够以低成本获取信息并作出投资决策。

（四）科技金融的激励约束机制

激励约束机制对于科技创新的成功至关重要。有效的科技创新活动应是能够产生经济效益，这会使得创新主体在科技创新时会较为谨慎，既要考虑科技创新的可行性，又要考虑其应用的市场空间。金融中介在发放科技贷款时，会与创新主体签订一系列信贷契约，在信贷责任上对创新主体有效约束，同时在贷款发放后，金融中介会实时监测资金的流向、对创新主体进行跟踪调查。此时创新主体在获得贷款后会积极履行相关责任，注重科技创新的经济效益，从而能够保证科技创新活动的成功率和有效性。

资本市场对科技企业的约束机制主要通过"用脚投票"和外部接管机制实现。资本市场上的投资者可以出售企业股票来表达对企业经营管理状况的不满。股票价格的下跌影响企业再融资能力，提高再融资成本。当上市企业股价出现大幅下跌时，外部接管者会大量购买股票从而达到控股的目的。

金融市场促进科技创新的激励机制则体现为：首先，科技企业为获得资本市场青睐，必须不断推进科技创新与成果转化活动，以高潜力、高回报的新技术和新产品获取资本支持。其次，资本市场的财富效应能够充分调动科技创新人员的积极性，加快科技创新转化应用的步伐。另外，资本市场能够帮助科技企业建立股权激励机制为科技企业的发展提供动力。

第三节 我国科技金融融合发展现状、面临的问题及约束

一 我国科技金融融合发展现状

近年来，我国通过完善政策环境、加大财政支持力度、优化银行信贷结构等方式，引导金融资源不断向科技领域配置。2017年，高技术产业R&D经费2644.7亿元，比2010年增长1.73倍，专利申请数158354件，数量是2010年的2.65倍。不断完善的科技金融体系激发科技创新活力，驱动科技创新发展。

（一）相关政策环境逐步完善

2006年，国务院发布了《中长期科学和技术发展规划纲要（2006—2020年）》，其中多项政策涉及科技金融领域，开启了我国科技金融创新发展的新时期。自《规划纲要》颁布后，我国各部委和地方政府相继推出一系列科技与金融政策，积极推进科技金融融合发展。

2009年，《证券公司代办股份转让系统中关村科技园区非上市股份有限公司股份报价转让试点办法》实施，标志着"新三板"市场的形成，扩大了中小型科技企业的融资渠道。2010年，科技部、中

国人民银行等部门出台《促进科技和金融结合试点实施方案》，配套银行、资本市场、保险等多项保障措施，以促进科技创新与金融资本有机结合。2011年，财政部、科技部印发《国家科技成果转化引导基金管理暂行办法》，引导地方政府和社会资本支持科技成果转化。同年，科技部会同财政部等八个部门联合出台《关于促进科技和金融结合加快实施自主创新战略的若干意见》，指导科技投融资体系建设，深化科技、金融和管理改革创新。多项政策的相继出台和实施，在信贷支持、资本市场融资、科技担保等多方面探索出一系列切实可行的路子，初步形成了支撑科技金融融合发展的政策体系。

近年来，在国家政策倡导下，各级地方政府纷纷出台各种政策措施，规范和促进科技与金融发展。例如，上海市陆续出台《关于加快建设具有全球影响力的科技创新中心的意见》《关于进一步促进科技成果转移转化的实施意见》《关于促进金融服务创新支持上海科技创新中心建设的实施意见》等政策，内容涵盖科技创新、税收补贴、金融支持等多个维度，从不同侧面切实推动地方科技与金融两大要素融合。

（二）科技信贷支持力度日益加大

现阶段，间接融资是我国企业最重要的融资渠道。在中央各部委和地方政府一系列支持科技贷款政策出台后，商业银行信贷资源向科技领域倾斜，科技信贷支持的力度日益强化。商业银行根据科技企业的特质，在门槛准入、审批流程和抵质押制度等方面完善科技信贷管理机制，探索科技信贷商业模式，满足更多科技企业的融资需求。比如，截至2018年末，北京市辖内银行业科技型企业贷款余额5900.45亿元[1]，比2017年末增加1499.25亿元，增幅34.06%。商业银行将贷款资金由产能过剩产业投向科技新型产业，推动地区产业结构优化。

为进一步发展科技金融业务，商业银行通过设立科技银行支行，

---

[1] 见中国银行业监督管理委员会网站：http://www.cbrc.gov.cn/beijing/docPcjgView/0EA0022438E646D9B61B160D60007C4D/26.html。

深化银企合作。近年来，科技银行为更好地服务中小科技企业，不断进行业务模式与金融产品创新。在业务模式上，与地方政府、担保机构、保险公司等展开合作，探索"银行+政府""银行+政府+担保（保险）"等业务模式，扩大信贷规模与服务范围。在产品创新上，探索多种担保方式，推出知识产权质押贷款、股权质押贷款和应收账款质押贷款等一系列"无实物抵押"产品，试点企业定制化金融服务，科技信贷产品与金融服务逐渐多元化。

(三) 新业态新模式不断涌现

科技金融领域创新性业态模式不断涌现。一是积极推进投贷联动业务。2016年，科技部会同中国人民银行等部门联合发布《关于支持银行业金融机构加大创新力度开展科创企业投贷联动试点的指导意见》，公布了首批投贷联动试点银行和试点地区，开展投贷联动业务试点。以上海市为例，作为首批试点地区，辖区内金融机构通过优化经营机制、积极探索联动模式，投贷联动业务取得较快发展。根据上海银监局统计数据，截至2017年末，上海市银行业金融机构累计为391家科创企业提供投贷联动服务，累计发放贷款139.22亿元。

二是不断推出创新型科技金融产品。2016年，上海市开启科技创新券试点，通过财政补贴激发中小企业技术研发动力，提升科技创新能力。2016年至2017年两年，上海市共发放总价值3000万元的科技创新券，"撬动"了成交总额约12亿元的技术转移和科技咨询服务[①]。金融机构针对中小科技企业特点，创新了很多弱抵押、弱担保产品。例如平安银行推出纯信用网络贷款产品"税金贷"，该产品借助政府信息平台，企业只需提供增值税、所得税纳税数据即可办理信用贷款。

二 我国科技金融融合发展面临的问题及约束

总体来看，我国科技金融事业发展已经取得长足进步，但和发达

---

① 见上海市人民政府网站：http://www.shanghai.gov.cn/nw2/nw2314/nw2315/nw4411/u21aw1286204.html。

国家相比还存在不少差距,同时也面临很多难题和阻碍因素。

(一)科技金融发展模式存在缺陷

目前,我国直接融资体系欠发达,间接融资比例达到80%以上。商业银行发展科技金融业务存在诸多掣肘。一是传统商业银行对科技企业评价能力有限。银行缺乏对科技创新的专业评估能力与有效评判手段,很难准确评估科技企业的潜在价值以及知识产权价值,从而限制了银行对科技创新支撑的积极性;二是目前科技信贷业务仍然以抵押贷款为主,知识产权质押、专利权质押贷款等无形资产质押业务发展缓慢;三是商业银行不能直接向科技企业进行股权投资,而投贷联动应用范围较小,对科技企业的支持力度不足。以间接融资为主的科技金融发展模式严重制约了科技产业与金融的融合发展。

(二)多层次资本市场建设存有短板

首先,我国创业板和"新三板"等市场建立较晚,市场体系尚不发达,实际准入门槛较高,融资对象主要是处于成熟期的科技企业。大量种子期和初创期企业难以达到上市融资的要求。资本市场对需求侧关注较少,无法满足中小科技企业融资需求。其次,资本市场的升降级通道和退出机制等基本制度尚不健全,造成风险投资退出方式不畅通,资本市场与风险投资无法形成合力。最后,我国地方产权交易市场建设与发展滞后,运行机制还存有很多问题,难以满足科技企业对融资与股权流转的需求。总之,现有资本市场已严重制约科技企业研发创新,今后在释放新需求、创造新供给方面存有很大发展空间。

(三)中介服务体系发展相对滞后

全面、系统化的中介服务体系是推进科技金融深度融合的高效"润滑剂"。当前,我国各地的科技金融中介服务机构尚不发达,限制了科技金融的有效对接。各地科技金融中介服务机构以政府支持设立的居多,市场自发型的中介服务机构数量不足。资产评估、信用评级等专业化服务机构尤为欠缺。此外,中介组织普遍存在专业化水平不高、服务能力有限等问题,科技成果的评估、传导、对接机制尚不健全,导致金融机构对有发展潜力、亟需资金支持的科技企业无从了解、难以评估，银企之间的信息不对称增加了双方的交易成本，限制了科技企业与金融机构对接的可能性与有效性。因此，中介服务体系建设滞后拖慢了金融服务实体经济的整体效率。

(四) 风险分担与补偿机制不健全

一方面，科技担保体系建设滞后。目前，我国社会信用体系不完善，信用融资担保难以推广，制约了商业性担保机构的扩张。同时，科技担保机构还面临业务量少、利润低以及资本金不足等问题。科技保险的推进力度不足，信用保证保险的投保率不高，作用有限。市场化的风险分担机制尚未形成，无法为科技金融市场提供有力支持；另一方面，政策性风险补偿对科技企业的支持力度有限。政府出资设立的信贷风险补偿基金大多处于试点探索阶段，数量有限、运作方式单一、效率不高，风险补偿的覆盖范围小，中小企业受益不明显。科技金融风险的分担与补偿仍然存在较大的供需缺口及作用空间。

第四节　科技金融融合发展的国外经验借鉴

发达国家经过多年探索，新兴经济发展迅速、高新技术产业不断壮大，这都离不开完善的金融支持体系。虽然各国科技金融融合模式不尽相同，但金融支持体系内各要素之间均实现了协调、互促、良性发展，资本市场、科技银行、风险投资和政策性金融各有侧重、又协调统一。美国和日本等发达国家和地区积累了丰富的经验，这对我国科技金融发展具有重要的借鉴意义与参考价值。

一　美国发展经验

美国作为世界第一经济强国，拥有高度发达的市场经济，在科技与金融领域长期保持全球领先地位。在资本市场与风险投资市场的带动下，逐步构建了成熟的高科技产业与金融体系，形成以市场为主导的科技金融发展模式。科技与金融良性互动，共同促进经济发展，取得了有目共睹的成果。

（一）资本市场

美国发达的资本市场体系为高科技企业发展提供了高效、直接的融资渠道。美国拥有全国性和地区性交易所市场、纳斯达克市场以及三板市场，形成了成熟的多层次资本市场体系。各层次证券市场的上市发行标准不同，分别为不同规模、不同发展阶段的企业提供融资。其中，纳斯达克市场主要针对科技企业，不仅为高成长、高风险的创新型科技企业提供融资服务，而且为风险投资提供良好的退出渠道，加快了风险投资资本的流动性。美国风险投资业的繁荣，又促成了大量科技型创新型企业的成长并在纳斯达克上市交易，促进了纳斯达克市场的大发展。谷歌、亚马逊等全球驰名的高科技企业，都是在风险投资的支持下并在纳斯达克市场逐渐成长起来的。

（二）风险投资

美国高新技术产业的不断升级换代，与各类风险投资的推动直接相关。经过多年发展，风险投资已经成为美国高新技术产业最重要的"孵化器"，造就一大批高科技企业。2018年，美国风险投资总额超过1300亿美元。美国风险投资市场的形成主要得益于以下两个方面。一是健全的法律保障，《小企业投资法》和《小企业法》明确了风险投资公司的地位与作用，为风险投资公司的发展提供了法律保障。于1977年修订的《退休收入保障法案》允许公立和私有养老基金进入风险投资领域，养老基金逐渐成为风险投资资本的主要来源。二是配套的政策支持，为风险投资提供良好的制度保障与宽松的发展环境。在税收优惠方面，美国通过《国民税收法案》《经济复苏税收法案》两次调整风险投资收益税率，从49.5%大幅降至20%。优惠政策激励了大量资本进入，风险投资业迅速发展起来，政策效果显著。

（三）科技银行

科技银行为促进美国科技金融深度融合发展提供有效补充。众所周知，中小型科技企业具有轻资产、高成长的特点，获得商业银行抵押贷款的难度相对较高。科技银行的出现拓宽了初创企业的融资渠道。硅谷银行是一家专注服务于中小型科技企业的银行，为高科技产业和初创公司提供各类金融服务。硅谷银行的成功源于独特的经营理念与创新的商业模式。一是硅谷银行组建了相关技术领域的科技专家团队,专家能为硅谷银行业务提供决策参考;二是提供灵活的金融服务。硅谷银行能够根据企业不同的发展阶段与经营规模制定适宜的金融方案与产品组合,并且允许企业以知识产权作为抵押担保物;三是有效的风险控制,对客户进行持续的风险管控。硅谷银行有独特的客户准入标准,客户必须是已经接受风险投资,并且尚未上市的高科技企业。通过与风险投资机构的合作,解决科创企业融资过程中普遍存在的信息不对称问题。

二 日本发展经验

第二次世界大战后,日本经济实现了高速增长。在此过程中,日本科技经历了由引进吸收欧美技术到自主创新的转变,并成为世界科技强国之一。在金融推动科技创新的路径选择上,日本政府通过一系列政策措施,构建了以政府为主导、政策性金融体系为支撑的科技金融发展模式。

(一) 政策性金融体系

政策性金融对科技创新的扶持,在日本表现最为突出。首先,日本设立了日本开发银行、中小企业金融公库、国民金融公库等"二行九库"政策性金融机构,为不同领域各类创新型企业提供低息贷款支持。其次,日本政府为分散金融贷款风险,设立中小企业信用保险公库和信用保证协会,建立了完善的中小企业信用担保体系。最后,政策性金融机构与中小企业保持密切的合作关系,为后者提供深入的商业咨询与援助,协助中小企业发展,有效促进技术创新。

(二) 商业银行贷款制度

商业银行贷款是科技企业筹措资金的主要渠道之一。日本银行为科技企业提供长期贷款,首要条件是必须有政府担保。日本银行、科技型创新企业和政府形成了紧密的相互支撑关系。科技企业以股权融资的方式,向提供贷款的银行转让一部分股权,银行参与企业管理,分享企业收益。这种关系确保企业可以获得长期稳定的资金供给,通过自主创新与技术积累推动日本科技的飞速发展。

(三) 金融体系创新

20世纪90年代起，日本推行了金融改革，放松金融管制，允许银行、保险和证券等机构之间金融活动与服务相互交叉、相互渗透。金融改革带来日本金融界大规模的重组与整合，形成了一批涵盖银行、证券、保险等多业务混业经营的大型金融集团。改革后的金融体系为中小科技型创新企业融资创造了条件。一方面，实力雄厚的金融集团下设多个专业子公司，利于分散科技企业的市场风险；另一方面，银行贷款证券化既缓解了银行的资金压力，分解了银行风险，还形成了银行外部资产业务，使更多的投资者通过购买贷款证券化产品，分享科技企业快速成长带来的收益。

三 经验与启示

(一) 完善的法律法规是科技金融发展的基础

不论是以市场为主导的美国模式，还是以政府为主导的日本模式，完善的法律法规体系都是科技金融深度融合发展的基础与保障。自20世纪50年代起，美国推出一系列有利于企业技术创新的法律法规，形成了涵盖企业技术创新、知识产权保护、技术转让、风险投资等各阶段完备的法律保护体系。政府有关的信用担保、税收减免等优惠政策，均以法律的形式固定下来，从而保证了优惠政策的稳定性和连续性，从而为金融支持高新技术企业创新提供了良好的法律保障。

(二) 健全的政策性金融体系能够引导与推动科技金融深度融合

政策性金融通过较少的政策性资金投入吸引大量民间资本和金融机构资金流向科技创新领域，从而促进一国科技创新与经济增长。从日本科技金融发展的经验可以看出，政策性金融对中小科技企业创新的推动作用非常明显，政府则在其中扮演重要角色。日本政策性投资银行接受专利权、著作权等知识产权作为担保物，向高科技企业提供长期资本供给。为了确保知识产权一定时期内的价值唯一性，日本政府严格监督完善了有利于知识产权担保的外部环境，形成了利于知识产权保护的司法体系。

（三）完善的资本市场和风险投资市场加速科技金融融合

美国科技金融能够得到长足发展，层次丰富的资本市场和风险投资市场功不可没。美国功能完备的科技金融资本市场与风险投资的蓬勃发展实现了深度耦合。风险投资支撑大量中小企业的科技创新活动，完成科技与金融对接的第一步。资本市场不仅能满足科技企业各个成长阶段的融资需求，而且为风险投资提供畅通的退出机制。资本市场与风险投资实现联动，共同为中小科技企业提供多样化的金融服务，促进科技创新与产业发展。

第五节　推进供给侧结构性改革的科技金融发展路径

构建利于科技创新的金融支持体系，加快科技金融深度融合，共同推动科技成果转化与产业升级，服务供给侧结构性改革，增强经济持续增长动力。

一　不断优化间接融资体系

推进科技银行创新发展，建立商业银行支持科技创新的长效机制。一是创新业务模式。以投贷联动试点为基础，继续探索科技银行股权投资模式创新。鼓励科技银行加强与地方政府、风投机构、股权投资基金以及保险机构等科技金融主体的合作，探索联合风控模式的创新，提升整体协同效应；二是创新金融产品。首先，立足科技企业融资需求，创新无形资产抵押担保方式，扩大知识产权、股权和应收账款质押贷款等产品覆盖范围，解决科技企业特别是种子期、初创期企业融资难题。其次，针对科技企业高风险的状况，商业银行应进一步完善风险定价机制，加大对科技企业贷款的浮动力度，不断提高对科技企业的贷款规模。最后，充分利用大数据等技术，降低信贷业务对抵押担保的依赖，推广信用贷款业务，推进科技信贷资产证券化，完善以市场需求为导向的金融服务。

充分发挥政策性银行对科技创新的支持作用。政策性银行要积极为国家和各地重大科技专项、重大高技术产业化项目和科技成果转化项目提供贷款。加大对科技企业的支持力度，引导商业性金融资源向科技创新领域和实体经济重点领域倾斜，增强金融服务实体经济质效。

二 继续加强多层次资本市场建设

构筑多层次资本市场，助推实体经济稳杠杆，提升资本市场服务实体经济的质量和效率。"十三五"规划纲要提出，促进资本市场健康发展，积极培育公开透明、健康发展的资本市场。第一，稳妥推进资本市场改革。以科创板设立与注册制试点为契机，完善和改进资本市场发行制度、退市机制以及市场间转板机制等基础制度，充分发挥市场机制作用。培育中长期投资者，发展专业机构投资者，增强资本市场对科技创新的支持力度。第二，加快债券市场发展，改善直接融资体系结构。降低债券发行门槛，鼓励中小科技企业通过发行中小企业私募债、短期融资券和集合债券等方式募集资金。加强债券产品创新，丰富债券种类，针对中小科技企业，发展高收益债券市场。完善市场制度供给，提升债券二级市场流动性。第三，完善区域性产权交易市场，规范运作和管理，搭建面向中小科技企业的产权交易、股权托管平台，完善多元化的融资渠道。

三 构建多元化科技金融服务体系

第一，充分发挥金融科技中介功能。引导和鼓励资产评估机构、信用评级机构、会计师事务所等中介组织发展壮大，提升专业化水平，缓解科技领域投融资信息不对称问题，降低企业融资成本。第二，加强多元化科技担保体系建设。推进政策性担保、商业性担保与互助性担保机构协同发展与合理竞争，加快担保模式与担保产品创新。培育和扶持科技企业信用增进公司发展，健全信用风险分担机制，改善中小科技企业融资条件。大力发展政策性再担保机构，完善再担保资本补充机制与风险补偿机制，探索"政银担"合作新模式，构建多层次的风险分担机制。第三，推进地方科技金融服务平台建设。搭建针对科技企业的综合性服务平台，积极调动商业银行、风险投资等金融机构参与平台建设，畅通科技金融供需双方的沟通渠道。建设以大数据为支撑的地方性科技企业基础信息数据库，实现信息共享，服务科技企业信用贷款。在此基础上，构建全国性的企业信用与风险披露平台，推动金融资源向优质科技企业配置，促进科技与金融的有效结合。

四　加快发展相关领域风险投资

风险投资是初创科技企业获得融资的主要渠道之一，在企业创业和技术创新过程中起着至关重要的作用。推动风险投资行业发展壮大，有助于补全多层次金融供给体系，改善中小企业融资结构。一是加快制定风险投资相关的法律法规，为风险资本市场的持续稳定发展提供有力法律保障。逐步完善税收优惠、财政补贴、风险补偿等方面的支持政策，为风险投资营造适宜发展的政策环境。二是引导多方资本进入风险投资领域。借鉴国内外先进经验，引导区域基金、产业基金和民间资本进入风险投资领域。面向不同发展阶段的科技企业，鼓励并培育各类风险投资机构发展，健全天使投资、创业风险投资和私募股权投资在内的多元化风险投资体系。三是完善风险投资退出机制。我国风险投资起步较晚，退出机制尚不健全。为此，需健全新三板等资本市场建设，规范化发展场外交易市场，多措并举为风险资本提供必不可少的流动性与连续性，实现风险投资的良性循环。

第十章　绿色金融对供给侧结构性改革的影响及对策

第一节　绿色金融对供给侧结构性改革的影响

随着我国经济结构和产业结构的不断调整，"创新、协调、绿色、开放、共享"五大理念的不断发展，"既要金山银山，又要绿水青山"的环保意识不断深入，"绿色发展"已经正式确定为我国一项长期发展的重要战略。中央深改会议提出，发展绿色金融，不仅是实现绿色发展的重要举措，更是供给侧结构性改革的重要内容。

一方面，发展绿色金融符合供给侧改革的内在要求。深化供给侧结构性改革，要着眼于资源配置的优化、资源配置效率的提升、改革水平的质量提升，因此推进绿色发展无疑是供给侧结构性改革的关键内容，也应当是供给侧结构性改革的重要切入点。而绿色发展与绿色金融两者相辅相成，绿色发展需要绿色金融的全方位支持，尤其要发挥绿色金融在生态环境建设、绿色产业发展过程中的重要角色，当前各类绿色金融产品及工具通过绿色金融市场，引导资本资源向绿色产业转移，向低碳环保、清洁能源等行业侧重，从供给侧改善经济结构，这与供给侧改革所提出的"减少无效供给、扩大有效供给"目标十分契合。因此，绿色金融正在逐渐对我国经济新常态时期转型升级产生深层次作用，有助于供给侧改革向纵深发展。当然，供给侧结构性改革也为绿色金融新业态提供了潜在的市场需求，大量的绿色投资给金融业带来巨大的市场空间，同时也促使了商业银行、基金公司等金融机构加快业务转型与发展。

另一方面，发展绿色金融有助于供给侧改革的任务落实。供给侧改革提出了"去产能、去库存、去杠杆、降成本、补短板"的五大任务，结合绿色金融来看，一是有助于企业淘汰过剩产能，实现新旧动能转换；二是有助于国有企业特别是"僵尸企业"的去杠杆；三是有助于解决绿色产业的融资问题，降低融资成本；四是有助于补充我国绿色产业项目发展的资金短板。因此，绿色金融与供给侧改革所提出的五大任务中的四项任务紧密结合，极大地推动了供给侧结构性改革的任务落实。

第二节 绿色金融的内涵及相关概念界定

一 绿色金融的概念界定

绿色金融（Green Finance）是一个比较新的经济学名词，目前国内外学术界关于"绿色金融"的概念尚没有一个准确的界定。国外学者 Salazar（1998）认为绿色金融是一种有助于环境保护的新金融业态；Cowan（1999）认为绿色金融是研究绿色经济领域资金融通的学科；Labatt（2002）指出绿色金融是推动环境保护、规避环境风险为要求，按市场化运作的新型金融工具。国内学者邓翔（2012）将绿色金融定义为基于金融产品和工具来促进环境健康可持续发展的金融业态。按照国务院发展研究中心对于绿色金融的表述，广义上的绿色金融更突出的是"可持续金融"的概念，更加侧重金融体系对环境保护、资源合理利用、社会健康发展的可持续等内容的影响，也可以理解为"绿色经济的资金融通"。狭义上的绿色金融更多强调的有益于环境资源保护、绿色产业发展的金融行为、金融工具、金融方式等。与传统金融相比，绿色金融将环境评价纳入金融机构的经营管理，使金融机构的投资决策与可持续发展因素挂钩，是对金融机构传统业务的规范、重塑。本文所涉及的绿色金融的概念，更倾向于广义上的概念，主要从宏观视角来研究绿色金融对供给侧改革的影响。

二 绿色金融体系的概念界定

绿色金融体系是涵盖绿色金融机构、绿色金融产品、绿色金融市场、相关服务机构、相关政府部门等多种要素的有机整体,是参照绿色金融准则,通过绿色金融工具而形成的金融体系。其中,绿色金融机构、产品和市场包括绿色贷款(商业银行采用低贷款利率支持绿色产业的项目)、绿色银行(专门为绿色产业、环境保护等项目提供资金的政策性银行)、绿色保险(针对环境污染提供的环境责任保险)、绿色债券(一般是国际金融机构发行为绿色产业直接融资的债券)、绿色股权投资(针对绿色发展项目、环保产业直接进行的股权投资)、绿色指数和股票投资基金(标普全球清洁能源指数、纳斯达克美国清洁指数、FTSE 日本绿色35指数)、碳排放权交易(基于温室气体排放权交易的碳金融市场);绿色金融的相关服务机构是指针对绿色金融产品的第三方评级和评估机构,以及制定相关环境法律政策的政府部门等(如图10—1所示)。

三 绿色金融机制的概念界定

绿色金融机制是涵盖绿色融资、财政、环境建设等一系列产品工具的相互作用的集合体,不同类别的财政金融产品通过各自的作用机理形成了促进环境可持续发展的绿色机制。具体来看,绿色融资分为绿色直接融资和绿色间接融资,绿色直接融资包含绿色IPO通道、绿色债券、绿色股权投资、碳排放交易等;绿色间接融资包含绿色贷款、强制性绿色保险、绿色基金等。财政方面包含了价格补贴、污染税等相关绿色工具;绿色金融环境建设包含绿色评级、绿色股票指数、环境信息披露机制、环境成本信息系统、绿色投资者网络、环境保护教育等相关配套产品。绿色金融机制的相关作用机理如下表10—1所示。

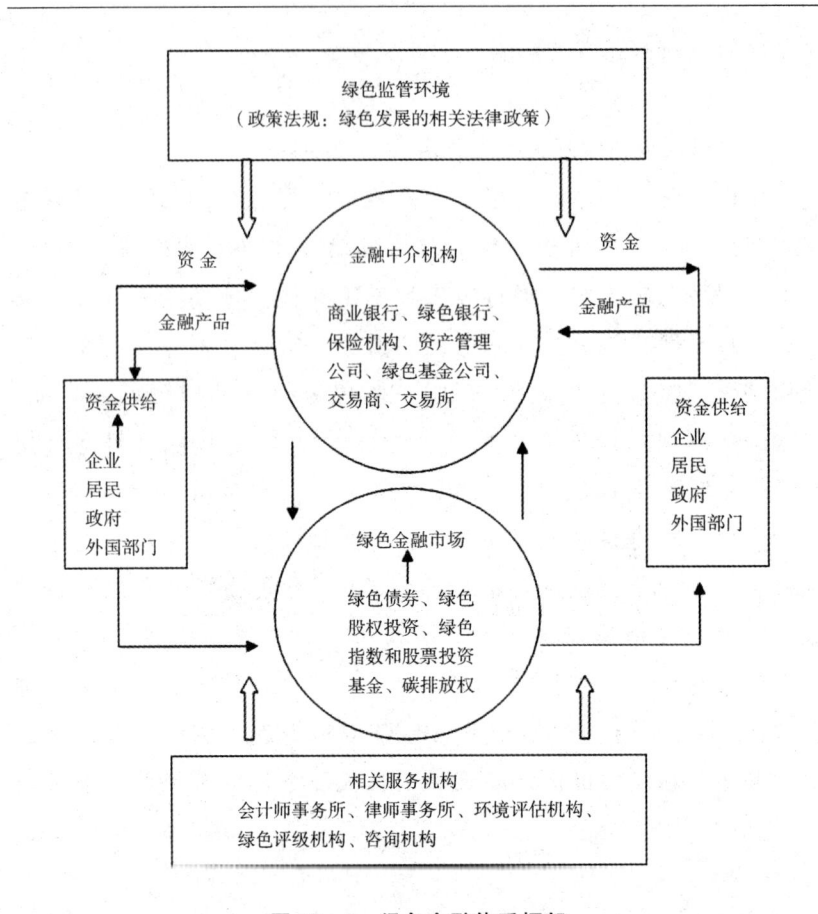

图 10—1　绿色金融体系框架

表 10—1　　　　　　　　　　绿色金融机制

方式	相关渠道	作用机理
绿色直接融资	绿色 IPO 通道	为绿色产业提供便利的融资渠道，降低绿色企业的融资成本
	绿色股权融资	引入风险投资资金，增加绿色投资
	绿色债券	增加绿色投资资金的易获得性和使用效率，降低绿色项目的资金使用成本
	碳排放权交易	基于市场化运作对减排成本进行合理定价，减少减排成本

续表

方式	相关渠道	作用机理
绿色间接融资	绿色银行	通过规模效益以及专业团队运作，增加绿色投资的收益率
	绿色贷款	减少绿色项目的贷款成本
	绿色基金	通过规模效益以及专业团队运作，减少绿色投资成本
	强制性绿色保险	通过保费的形式将环境风险显性化，减少污染性投资
财政政策	污染税	增加污染项目的税务成本，间接提高环保项目的吸引力
	价格补贴	提高环保项目、绿色产业的资金回报率
绿色金融环境建设	绿色评级	通过评级的形式将环境风险显性化，增加了污染项目投资的融资成本，降低绿色项目的融资成本
	环境成本信息系统	吸引更多社会资本进入绿色环保项目，减少绿色项目的投资成本
	绿色投资者网络	提高机构投资者的环境保护责任，增加绿色项目的投资偏好
	绿色股票指数	降低了绿色项目的评估分析成本，增加了环境信息的易获得性，扩大了价格信号影响范围
	环境信息披露机制	降低污染性项目的投资偏好，增加绿色环保项目的投资偏好
	绿色环保教育	增加绿色项目的消费性偏好，提高绿色企业的投资力度

资料来源：NIFD 国家金融与发展实验室资料库。

第三节 我国绿色金融的发展现状

一 绿色金融政策的现状

我国的绿色金融政策发展虽然尚处于初级阶段，但经过"十一五"时期和"十二五"时期的发展演进,到目前的"十三五"时期(见图10—2),已经逐渐形成了绿色金融的政策体系框架。

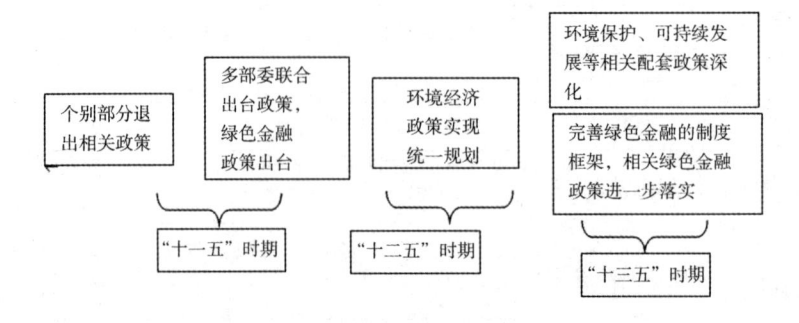

图 10—2　我国绿色金融政策发展历程

目前我国的绿色金融政策可以分为两大方面,一方面是基于绿色金融发展的外部环境所出台的相关政策法规,例如环境保护和可持续发展的配套政策法规、绿色经济或绿色产业的相关政策、财政税务方面的相关政策和发改委制定关于价格方面的相关政策;另一方面是基于绿色金融发展的内部产品要素所出台的相关政策法规,例如绿色信贷政策、绿色保险政策、绿色证券政策、排污权的相关政策等,为了更加直观对绿色金融政策进行说明,本文为最近十年出台的相关政策法规进行梳理,具体如下表10—2所示。

表 10—2　　　　绿色金融相关政策文件(2007年至今)

政策属性	政策名称	发布部门与发布时间	主要内容
环保和可持续发展	《企业环境信用评价方法》	环保部、发改委、央行、银监会(2013.12)	对环保不良企业,银行审慎授信,降低贷款额度,保险公司对其提高环境污染保险费率
绿色经济产业	《环境经济政策配套综合名录》	环保部,自2007年起每年进行更新	限制高污染产品,从财税、信贷、市场准入限制过剩产能行业

续表

政策属性	政策名称	发布部门与发布时间	主要内容
财税激励	财税支持环保政策	财政部，国税总局	排污收费制度、环保预算投入、通过税收优惠激励环保企业
价格政策	《节能环保产业发展规划》	国家发展和改革委	资源性产品价格形成机制；环保收费政策；生态补偿机制
绿色信贷	《关于防范和控制高耗能高污染行业贷款风险的通知》	中国人民银行、银监会（2007.7）	限制高耗能和高污染行业新增贷款；对违规排污企业限制流动资金贷款；根据产业政策分类放款
绿色信贷	《绿色信贷指引》	中国银监会（2012.2）	明确银行业重点支持领域，进行有差别、动态授信，实行风险敞口管理制度
绿色信贷	《绿色信贷实施情况关键评价指标》	中国银监会（2014.1）	针对"两高一剩"产业的数据统计口径和统计方法标准化管理
绿色保险	《关于环境污染责任保险工作的指导意见》	环保部、中国保监会（2007.12）	推动环境污染责任保险试点工作

续表

政策属性	政策名称	发布部门与发布时间	主要内容
绿色保险	《关于开展环境污染强制责任保险试点工作的指导意见》	环保部、中国保监会（2013.2）	针对重金属企业和石油化工行业进行环境污染强制责任风险试点
绿色证券	《关于重污染行业生产经营公司IPO申请申报文件的通知》	中国证监会（2008.1）	重污染企业IPO必须提供环保部核查意见，否则不予受理
绿色债券	《绿色债券公告》	中国人民银行（2015.12）	针对绿色项目界定、资金投向、存续期资金管理、信息披露、第三方机构评估进行指导和规范

二 绿色信贷的发展现状

目前我国绿色信贷主要分为两个方向，一个方向是针对环保企业、低碳项目在信贷额度上予以支持；另一个方向是防范部分污染项目的环境社会风险。当前是深化供给侧改革和新旧动能转换工作的关键窗口期，大部分金融机构对节能减排和产能过剩工作都改进了授信管理方式，主要采取差异化风险定价、调整经济资本占用系数、专项拨备等措施来支持绿色产业发展。按照银监会统计数据截至2016年我国绿色信贷余额是7.26万亿元，占总贷款余额的9%左右，其中新能源产品、节能环保行业贷款余额1.69万亿元，绿色交通、清洁能源等项目占5.57万亿元。绿色项目的不良贷款余额为226.25亿元，不良率仅为0.41%。

从各商业银行的绿色信贷余额情况来看，国有四大银行尤其是工商银行和建设银行对于绿色产业的信贷投放金额较大，在股份制商业银行中，兴业银行作为我国唯一一家加入赤道原则的金融机构，在绿色项目上的投资力度也远远高于其他股份制商业银行。从实践过程中

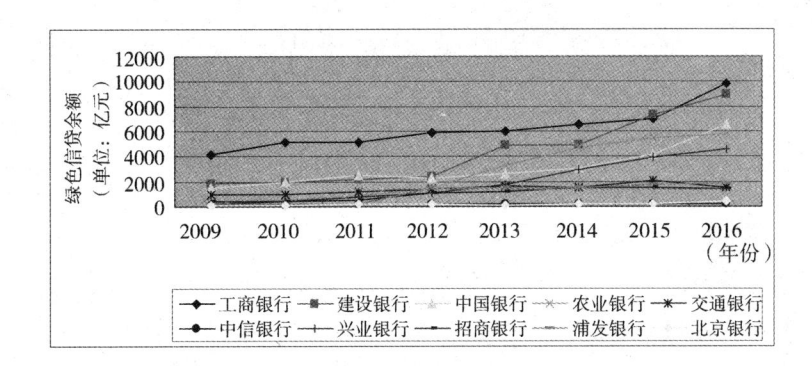

图 10—3　部分商业银行绿色信贷余额（2009—2016）

看，各家银行也出台了一系列绿色金融服务和绿色信贷产品，下面以国有商业银行中国银行、股份制商业银行兴业银行为例简要介绍。

中国银行在发展绿色信贷业务方面先后出台了《支持节能减排信贷指引》《碳金融指导意见》等相关政策，特别是在清洁能源领域、绿色循环经济领域、生态发展保护方面予以重点支持（见下表10—3），2016年中国银行湖北省分行为汉川市银泉环保科技有限公司的污水处理项目提供5000万元贷款；2016年中国银行四川省分行为雅砻江水电站清洁能源项目提供137亿元授信；2016年中国银行江苏省分行为维尔利环保科技公司的设备生产链项目授信17800万元。

表 10—3　　　　　　　　中国银行绿色信贷业务实践

绿色信贷领域	相关措施
生态保护	授信支持生态环境保护、废弃资源综合利用、生活垃圾焚烧发电、污水处理等绿色项目；对未达到环保部标准的项目和企业实行"一票否决制"
清洁能源	授信支持新能源发电、绿色光伏发电、水电站等绿色项目；支持光电建筑建设
节能减排	不断优化存量贷款，严格控制对"两高一剩"项目的信贷投放；加大对节能减排项目可持续发展的支持力度
循环经济	支持净水处理器、环保设备的供应链发展；加强对环保风险防控机制、环保项目进行全过程风险监督与评价

资料来源：中国银行2016年社会责任报告。

兴业银行于 2008 年 10 月 31 日成为赤道原则银行；2009 年成立了可持续金融中心；2012 年制定了《环境与社会风险管理子战略》，并组建了绿色项目融资、赤道原则审查、碳金融等多个团队。总行层面设立环境金融部专门负责绿色金融业务，绝大部分二级分行都已设立环境金融中心，并且在绿色信贷产品创新方面取得了一系列成果。发行了国内第一张以环保低碳为主题的信用卡——中国低碳信用卡，创新推出了排污权金融服务、购碳代理财务顾问业务、碳资产质押授信业务，并开出了第一笔碳交付保函业务和国内第一单自愿碳排放交易资金提供存款和结算服务。

三　绿色债券的发展现状

虽然我国的绿色债券市场发展处于初级起步阶段，但发展速度迅速，根据 CBI 的统计数据，2016 年全球的绿色债券总体发行量约为 810 亿美元，我国第一年的绿色债券发行量（2052.31 亿人民币）就接近了全球市场规模的 1/3，目前已经成为世界上最大的绿色债券市场国。中国银行推出的 30 亿美元的绿色债券也是目前世界上单只融资规模最大的绿色债券，农业银行也推出了双币绿色债券，浦发银行承销了中广核碳债券，兴业银行推出了绿色信贷资产支持证券，等等。截至 2016 年末共有 33 个主体涉及 8 类行业参与到绿色债券发行，其中商业金融机构数量最多，有 11 家商业银行参与绿色债券发行。另外，我国绿色债券市场的债券种类比较丰富，基本涵盖了市面上大多数信用债品种，例如商业银行债、公司债、企业债、中期票据、国家机构债（见下表 10—4 所示），期限主要集中在 3—5 年，且全部绿色债券的评级都在 AA 级以上。

表 10—4　　　　　　　我国绿色债券品种

种类	发行金额（亿元）	发行数量（只）	平均单笔融资规模（亿元）
商业银行债	1550.00	21	73.81
公司债	182.40	14	13.03

续表

种类	发行金额（亿元）	发行数量（只）	平均单笔融资规模（亿元）
企业债	140.90	5	28.18
中期票据	82.00	8	10.25
资产支持证券	67.01	4	16.75
国际机构债	30.00	1	30.00
总计	2052.31	53	38.72

数据来源：wind 数据库。

四 碳金融的发展现状

目前碳金融市场（Carbon Finance Market）主要包括两方面内容，一是温室气体的排放权交易及其衍生品市场；二是部分可产生额外排放权项目的融资市场。中国作为全球最大的 CDM 供应国自 2013 年以来，先后选取深圳、上海、北京、广东、天津、湖北、重庆 7 个省市进行碳排放权交易试点，并将于 2017 年年底启动全国统一的碳排放权交易市场。金融机构的碳金融业务发展方面目前还处于早期起步阶段，兴业银行、浦发银行、农业银行在碳金融实践方面取得了一定的进展。例如兴业银行面向零售客户群体设计了低碳信用卡，并为绿色企业提供碳资产质押授信，推出国内第一笔碳配额卖出回购业务；浦发银行利用碳排放权作为融资抵押标的，支持绿色企业利用其碳资产价值，并基于自身的渠道优势和专业团队为绿色企业提供 CDM 项目评估、CERs 交易咨询等多项服务；中国农业银行在 CDM 咨询类服务的基础上又推出了"已注册 CDM 项目减排量转卖"服务，目前已累计为 10 余家绿色企业提供相关业务。

第四节 绿色金融的国际经验借鉴

在前文关于我国绿色金融现状的分析基础上，本部分在梳理总结国外经验时，为了更加直观地与我国的绿色金融发展情况形成对比，分别从绿色金融政策、绿色信贷、绿色债券、碳金融四个方面的国际先进经验进行阐述。

一 绿色金融政策的国际经验——以美国、日本、韩国为例

美国绿色金融政策体系是建立在完善的美国传统环境保护法的基础之上，自1970年以来，美国政府已经实施了26部关于环境治理和保护的相关法律，其重点对政府、金融机构、企业三者之间的行为进行规范约束。早在20世纪80年代初期，美国政府就颁布了《全面环境响应、补偿和负债法案》要求商业银行要为企业客户的污染行为买单，并为环境修复工作支付费用；另外美国政府还通过一系列税收减免政策支持环保类能源项目和可再生资源类项目发展。

韩国目前在绿色金融政策体系建设方面较为成熟，包括设立了环保公司和绿色项目的绿色认证体系和公共信息披露系统，设立了专业的绿色评估机构。2008年韩国政府颁发了"低碳绿色增长"的长期经济战略，并将"绿色发展"定义为韩国未来发展的主线；2009年韩国政府又颁布了《绿色增长国家战略五年规划》，之后还推出一系列支持绿色金融发展的政策，像《新增长动力发展战略规划》《绿色能源发展战略路径图》。除此之外，韩国政府针对中小型绿色行业建立绿色专业基金（1.1万亿韩元）和研发支持基金（3000亿韩元），使绿色产业专项基金制度化，并对绿色存款、绿色投资都给予税务减免政策。

日本的绿色金融政策体系建立是基于长期实施的贷款、税收、补贴等激励性配套政策。1993年制定的《环境基本法》和2000年出台的《循环经济基本法》《可循环食品资源基本法》《绿色采购法》，其中都有涉及绿色金融的重要条款；2004年日本政策性投资银行联合多家商业银行共同设立了环境评级系统，用于企业的环境风险监督和评测；2008年日本政府推出了"低碳社会行动计划"，投资300亿美元支持绿色项目的技术创新。此外，日本通过社会宣传营造了良好的绿色金融政策环境，目前日本大部分银行都加入到了赤道原则，绿色环保企业和新能源项目数量也逐年增多。

二 绿色信贷的国际经验——以德国、加拿大、日本为例

作为欧洲的老牌资本主义发达国家，德国是全球绿色信贷制度的起源地，当地的商业银行也较早地加入赤道原则，为德国绿色金融发展奠定良好基础。从目前德国的绿色信贷实践来看，主要有以下四方面内容：一是成立专门的绿色金融机构来支持绿色项目，对于绿色环保项目予以贷款贴息，对于环境友好项目给予10年期不到1%的贷款利率，这种做法经过长期实践已经取得了正向的社会效益；二是政府通过政策性银行的绿色信贷给予政府补贴资金，其间要求政策性银行履行补贴政策，最大限度地支持绿色项目和环保企业的可持续发展，比较有代表性的是 KFW（复兴信贷银行）的绿色信贷模式（见图10—4）；三是德国政府非常重视对绿色信贷产品的创新与研发，目前已经形成了较为完整的绿色信贷产品体系；四是环保部门与金融机构之间形成了良性互动，共同对企业在申请绿色信贷时的环保条件进行审核，确保绿色贷款资金用到绿色项目上。

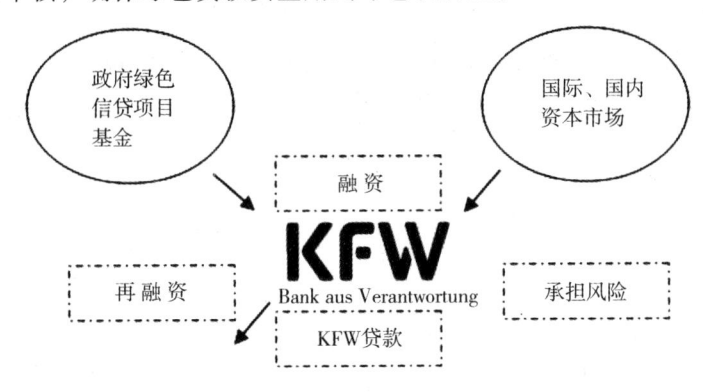

图10—4　德国绿色信贷运作模式

资料来源：国家金融与发展实验室研究报告。

加拿大各商业银行在践行绿色金融过程中同样秉承了赤道原则，逐渐形成了一套较完善的绿色信贷机制，其中包括环境评估决策机制、信贷资格审查和评估机制，如下图10—5所示。

日本的绿色信贷制度对我国更具有实践价值，日本成立一批专门

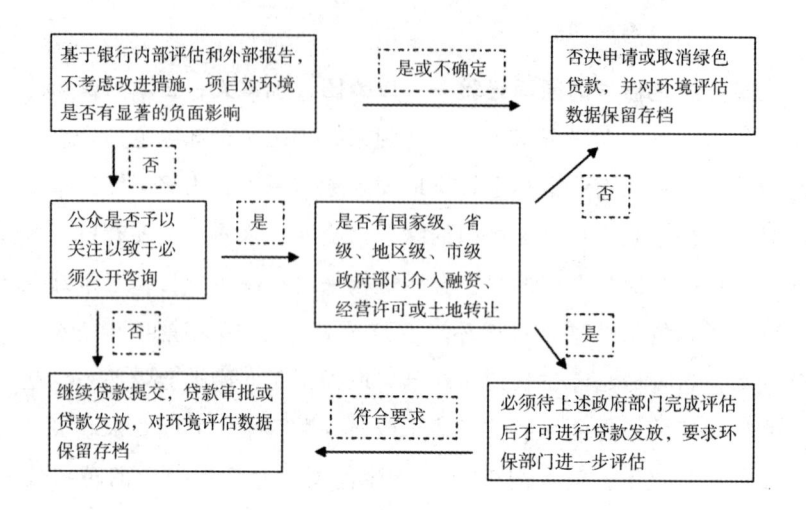

图 10—5　加拿大绿色信贷运作模式

资料来源：国家金融与发展实验室研究报告。

为绿色企业提供特定信贷资金的金融机构，例如：日本开发银行（The Development Bank of Japan）、日本金融公库、日本中小企业金融公库等，这些金融机构会为企业的环保类投资提供资金支持，当然针对不同类型的企业会采取不同的贷款利率，总体上大部分环保项目和公害防治项目都会申请到低息贷款，具体的绿色信贷运作模式如下图10—6 所示。

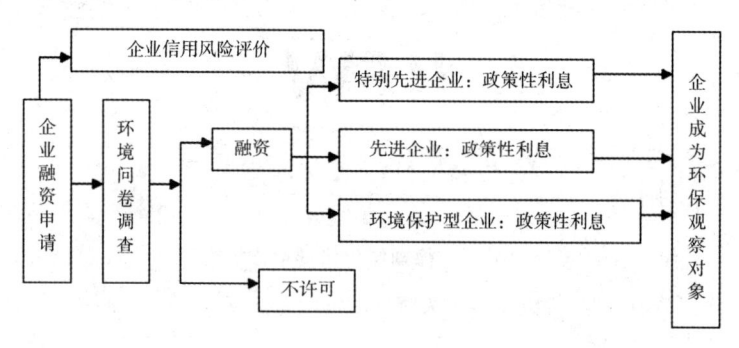

图 10—6　日本绿色信贷运作模式

三　绿色债券的国际经验——以政府、市场为视角

自 2007 年第一笔 AAA 级绿色债券发行以来，绿色债券以几何式

的增长速度扩张，从国际范围的成功经验来看，绿色债券的发展离不开政府和市场两方面的推动作用，本部分从政府和市场的角度分别进行阐述。

从政府层面来看，第一，政府发行绿色债券，产生引领示范效用。例如美国华盛顿特区、纽约州、加利福尼亚州，法国普罗旺斯地区，瑞典斯德哥尔摩、哥德堡，以及加拿大安大略省的政府机构通过发行一般责任债券筹资，用于支持绿色环保项目，除此之外还有像美国夏威夷地区发行的收益担保类债券——绿色基础设施收益债券，是采用电费附加费的形式予以补偿；第二，政府对绿色债券的政策法规支持。例如挪威要求本国主权财富基金必须将绿色债券纳入其固定收益资产组合中，美国马萨诸塞州实行对绿色债券免收收入所得税，巴西针对风电新能源项目融资发行免税的绿色债券，美国国会也通过了20亿美元的免税公司债用于新能源绿色环保基础建设；第三，联合国对绿色债券的宣传与引导。联合国通过发起 PRI 计划（投资责任原则计划）引导全球的机构投资者注意 ESG 原则，即环境、社会、公司治理。通过联合国的宣传引导，促使了绿色投资者关联网络的形成，对绿色债券的发展有积极影响。除此之外，一些国际性的重要金融机构也通过发行绿色债券来辐射各国的金融机构重视绿色债券发展。

从市场层面来看，第一，有较为完善的绿色债券评估机制。近年来发达国家的金融机构在发行绿色债券前都会请专业的第三方评估机构对绿色债券进行认定，通过专业评审机构的资质审核才可以公开发行，目前已经逐渐形成了针对绿色债券评估完善的运作机制，类似国际气候与环境中心 CICERO、气候债券行动组织 CBI、Vigeo 评级、Oekom 研究中心、DNV GL 集团、Sustainalytics 公司、Trucost 公司等专业机构。这些专业机构会针对绿色债券的资金使用投向进行严谨说明，形成官方指导意见，发行后会进一步对绿色债券的实际效用进行跟踪。因此基于这种专业的绿色债券评估、认证机制，一些发达国家的绿债市场得到了快速发展。第二，绿色债券的标准化管理。从发达国家的经验来看，绿色债券只有做到管理的公开透明才可以有更多的投资者参与到绿色金融发展中，而成熟的管理模式要以科学严谨的制度标准为前提。2014年国际资本市场协会 ICMA 发布了绿色债券原则（GBP）为金融机构发行绿色债券提供规范化标准；气候债券行动组织 CBI 也制定了关于评估期间的绿色债券标准（GBI），标准的制定对规范绿色债券健康发展有重要意义。第三，交易所的信息披露制度。根据 2015 年世界交易所联合会的调查显示，有 75% 的交易所都参与制订了各种可持续发展计划，尤其在绿色债券公开发售过程中交易所要求上市公司对 ESG 信息进行披露，这种透明的制度模式为绿色债券发行提供了便利渠道。

四 碳金融的国际经验——以英国、美国、日本为例

从国际碳金融市场的发展来看，比较有代表性的是英国伦敦的碳金融中心、美国芝加哥的碳排放权交易体系、日本的碳排放权交易市场。

英国是世界上最早建立跨行业碳排放权交易体系的国家，并且形成了碳排放领域全覆盖的规制网络，包括：制定最低碳价制度、制定温室气体排放交易制度、碳减排承诺等一系列措施。在市场监管方面，英国是采用"行业+金融+交易平台"的三重监管模式。行业监管是以英国的商业、能源与工业战略部负责，金融机构监管是由财政部和英格兰银行联合负责，交易平台监管是由 IBA 基准管理局下属的监管委员会负责。

美国是世界最大的温室气体排放国，并且美国也没有签署《京都议定书》，但美国在碳金融市场建设方面仍然有借鉴之处。美国在碳金融衍生品创新方面发展迅速，主要交易品种包括碳期权、碳期货、清洁能源指数期货等等，另外 EUA 和 CER 的创新也带动了美国碳金融市场的发展。在监管层面，美国碳金融市场是采用"市场监管为主，政府监管为辅"的做法，但一些国际通用法规和联邦政府政策依然在以自由交易体系为主导的美国碳金融市场适用。

与英国、美国的碳金融市场相比，日本的碳交易体系更加灵活，政府可以强制性介入，资源也可以自由交易，日本主要通过三项措施来打造碳排放权交易市场:一是采取强制性的碳交易机制;二是通过免费的方式分配初始配额;三是联合国际合作机构共同实施 CDM 和 JI。日本的碳金融市场的监管是由专门的机构负责,日本设立了品质保障协会(JQA)进行日常交易监管、国际 CDM 和 JI 的对接。

第五节 我国绿色金融发展存在的问题及建议

通过前文关于我国绿色金融现状的分析以及国际上绿色金融的成功经验介绍,我们可以看出中国绿色金融体系建设取得了良好的阶段性成果,在绿色金融产品创新方面也取得了显著成效,但作为初级发展阶段的中国绿色金融体系还存在一些不足之处,具体表现在以下三个方面:

一是政府制定的绿色金融政策有待深化。虽然在推动绿色金融发展过程中出台了一系列政策法规,但从当前的政策效果来看所产生的生态环境效用并不是十分明显,例如《新环境保护法》、企业环境行为的信用评价体系仍然处于政策消化和观望期。另外,涉及金融机构的绿色金融政策法规在操作细则层面还有待完善和改进,基于碳金融市场的配套政策受制于数据技术层面并没有实质性进展。所以,我国绿色金融政策仍需要进一步深化落实,形成完善的绿色金融政策体系,打造完备的法律制度环境任重而道远。

二是金融机构的绿色金融服务有待提高。从目前国内商业银行的机构设置来看,只有一小部分银行设立了绿色金融部,大部分金融机构过于重视"两高一剩"行业的短期利润,对绿色项目的信贷支持流于表面,在绿色信贷过程中往往缺少专业第三方评估机构的评估审查,部分商业银行在落实绿色金融的相关政策方面不到位,针对绿色金融的产品服务水平有待进一步提高。

三是多部门之间的环保交流机制有待完善。绿色金融的落脚点是在绿色企业,但从政策颁布到银行授信再到绿色项目整个流程是需要多部门联动配合。因此,需要尽快完善政府、金融机构、环保、第三方评估、监管、司法等多部门协调的环保交流机制,确保环保信息的透明畅通，绿色信贷政策的实施到位，绿色配套资金的精准使用。

结合以上我国绿色金融体系建设中存在的问题，本文从以下三个层面提出建议，旨在为系统推进绿色金融发展提供思路。

第一，建设"硬约束＋大监管"的管理格局。为确保绿色金融与供给侧改革间的有机结合，绿色金融业务的科学发展，要在不断完善环保法律法规的基础上，确立金融机构的环境法律责任，并在绿色金融领域推广强制性的绿色保险，在交易所平台推出强制性环保信息披露制度，打通商业银行的绿色信贷、保险机构的环境污染责任保险、上市公司的投资项目三者之间的对接渠道。构建"大监管"的管理格局，建议从顶层设计着眼，统筹环保、央行、银监会、证监会、保监会、第三方认证评估机构、民间NGO组织、社会舆论媒体等多方面的监督功能，明确各方职责，避免重复监管、监管真空，把"大监管"思想运用到绿色金融体系建设之中。

第二，建立三大绿色金融配套体系。加快推进绿色金融体系的基础建设，具体要落实到绿色评级体系、环境成本核算体系、绿色投资者网络体系这三大配套体系。央行和商业银行在确定评价标准的基础上，联合专业评级公司应开发绿色评级系统，为绿色企业提供科学的评级标准从而降低项目融资成本。要将环境成本核算纳入到监管、认证、评测机制之中，由专业科研机构研发制定环境成本核算体系，这种基于大数据分析的结果不仅为政府环保部门提供决策参考，同时为金融机构、绿色企业在项目投资、成本估算等方面提供帮助。建立绿色投资者网络体系是落实项目主体责任、培育机构投资者环保意识的重要工程，可由环保、央行、社保基金理事会、交易所等单位联合开发，进一步提高企业、金融机构的环保责任意识。

第三，加强财政金融政策的协调推进。财政部门要进一步为绿色企业提供税收优惠、财政补贴等措施，带动社会民间资本投入到绿色项目中来，提高对新兴绿色产业、中小型绿色环保企业的贴息力度。央行和银监会在金融政策支持方面要进一步发挥差异化信贷政策的效用，银监会和证监会要优化绿色债券审批流程和绿色企业IPO批准程序，减免绿色债券投资所得税，尝试对新三板的绿色企业优先开展转板。此外，在推进绿色产业发展过程中要加强财政政策和金融政策的协调配合，更大力度地支持环保产业发展，限制"两高一剩"产业的过快增长。

第四，优化金融机构自身建设。要立足商业银行自身优势特点，推广绿色金融事业部在各行的落地生根，积极建立专业化的绿色银行和专业化的绿色产业基金（中小企业绿色发展专项基金）。积极践行国际化标准和赤道原则，目前仅兴业银行加入赤道原则，下一步要与绿色金融国际化接轨，亚投行、金砖银行、丝路基金可探索加入赤道原则的可行性。另外，充分发挥不同金融业态、不同金融机构间的互补优势，建立政策性金融、商业性金融、第三方机构为主体的绿色金融机构群，为绿色产业发展和供给侧改革提供全方位服务。

第十一章 消费金融对供给侧结构性改革的作用及对策

第一节 消费金融推进供给侧结构性改革的逻辑链条

供给侧结构性改革虽然着重在供给侧，但是同样离不开需求侧的发力，更是为了满足快速发展的需求侧的要求。消费金融一方面可以从消费者的角度促进其消费升级；另一方面通过带动新消费热点的形成，进而促进相关消费产业的发展和产融结合，形成新动能，最终从供需两方面协同促进供给侧结构性改革。

一 消费金融与需求侧改革：促进消费升级

进入新常态以来，我国的居民消费已经从模仿型、排浪式转入个性化、多样化，作为主流模式的发展阶段，标志着我国居民大规模进入了消费升级阶段。近几年开始快速发展的消费金融，除了银行业金融机构早已涉及的房贷和车贷之外，涵盖了医疗、教育、旅游、装修、电子产品等方面的服务，并且覆盖人群更广，刚好为满足广大居民个性化、多样化的消费需求提供了保障。

促进个性化和多样化的消费需求升级。所谓排浪式消费是指一段时间内以某种消费为主导，或者说是比较广泛的模仿。这种消费阶段的结束，意味着居民开始追求自我表达，与其他居民有所区分，进而形成了大范围的消费个性化和多样化，最终从质上和量上形成了新阶段的居民消费需求升级。消费金融对居民消费行为具有平滑、保障和增值的功能。相比传统银行授信，消费金融产品更加灵活多样，服务范围更广，可以满足消费者除了车贷和房贷之外的耐用品和服务的资金需求，天然地具有服务新阶段居民消费需求升级的特征。

刺激消费信贷规模扩张以降低总库存。在传统银行的服务范围以外，还有很多未被实现的消费欲望，即广大的受自身预算约束，且不容易获得银行授信的客户需求。消费金融公司在消费信贷市场上可以作为商业银行的有益补充，因为后者所受的监管更加严格、放贷成本更高。消费金融产品一般具有授信小、审批快、服务灵活、无担保等特点，因而具有普惠性。消费金融的存在一方面扩大了消费信贷规模；另一方面也有利于缓解如今消费市场供大于求的局面。只有在旧有商品的排浪式消费结束之后，大规模的消费升级才有可能实现。

二 消费金融与新旧动能转换：形成新动能

消费是生产的最终目的，并且在经济发展中具有基础作用。当前居民未被满足的个性化、多样化的消费升级需求对广大厂商的生产能力形成了倒逼之势，同时也给其带来了巨大的发展机遇，形成其转换新旧动能的助推器。消费金融可以在量上和质上帮助广大居民一方面消化旧有产能，使更多居民经历排浪式消费；另一方面可以促进新消费热点的普及深化，使产业发展和消费需求相互促进。

服务更广泛经济主体以增强经济活力。消费金融公司设立的一个目的就是为商业银行不能惠及的大众和低端消费者提供新的可供选择的便利金融服务，从而满足更多群体消费者不同层次的消费需求。因此消费金融公司的业务范围主要涵盖个人耐用消费品贷款以及一般用途的个人消费贷款，在传统的银行消费信贷服务之外，为居民提供包括购买家用电器、电子产品、旅游甚至装修等消费需求。服务的对象和范围增多了，进而也加强了社会的经济活力，由点到面改善新动能形成的经济环境。

助力形成新消费热点以促进产融结合。消费升级大背景下，居民的多样性、个性化消费需求要求厂商需要更加注重市场和消费心理分析。除了通过提供消费信贷以释放更多消费潜力之外，消费金融所依托的大数据、云计算和人工智能等信息技术，非常有利于收集客户信息，分析客户类型。消费金融公司作为消费者和生产流通企业之间的桥梁，有助于后者产品和服务的创新与定制，促进其的质量提升和个性化。当满足消费者新需求的产品和服务增多了，新的消费热点也将形成，从而反过来推动消费产业的进一步发展和提升。

三　消费金融与供给侧结构性改革：供需双驱动

党的十九大报告提出，供给侧结构性改革的重点在于实体经济，在于提高供给体系的质量。既需要推动互联网、大数据和人工智能和实体经济的融合，又要在中高端消费、创新引领、共享经济等方面形成新增长点和新动能，还要坚持去产能、去库存，优化存量资源配置，扩大优质增量供给，实现供需动态平衡。消费金融以其自身的科技特性既有助于中高端消费和共享经济的扩大，也有助于增强低端消费者的消费能力从而降低库存，两相合力，最终优化供给，助推供给侧结构性改革更加全面。

促进内需扩张和消费升级倒逼供给提质。消费金融无抵押、无担保的特性使得其服务的消费者层面较传统金融市场更为扩大，通过降低更多低收入者的预算约束，促进了内需扩张；又因为消费金融产品和服务的多样性和灵活性，有助于服务处于消费升级的广大居民群体。需求侧的广度和深度都增加了，从而倒逼厂商提供供给质量，释放居民消费潜力，进入供需两方面的正反馈作用机制。

通过服务厂商和降低库存优化改革环境。我国经济很长一段时间内处于供大于求的局面，给厂商造成了很大压力，流动性资金不足，创新乏力。消费金融一方面扩大了潜在消费者的来源；另一方面有助于对消费者的需求进行精确捕捉和预测，从而降低了消费收入的不确定性，减少了库存，增加了产品和服务创新的精准度，提高了市场活力。

第二节　消费金融的涵义

从最基本的意义上说，消费金融是与消费相关的一切金融活动，目的是利用现有资源最大程度地满足消费（尹一军，2016）。系统来说，清华大学中国金融研究中心主任王江认为，消费金融需要着眼于三个层次，分别是消费者层面的金融决策，市场层面的消费金融公司、消费金融产品和服务，以及政府层面对于市场层面内容的监管并且对于消费者提供社会性的金融产品与服务、税收政策制定等。本文认为政府为消费者提供的社会性金融产品与服务和税收政策不在本文所研究的消费金融框架内（可能更适合在普惠金融框架内），但是借鉴这三个层面的内容，本节分为三个部分，首先是对消费金融的学界定义；其次是消费金融市场层面的载体，即消费金融类公司和消费金融产品与服务；最后是政府层面对消费金融的相关政策规定。

一 消费金融的学界定义

所谓消费金融，广义的来讲是指与消费相关的所有金融活动，狭义的来讲是指与短期的简单消费直接相关的融资活动（王江等，2010）。如果将消费的范围扩大，例如包括住房、教育等带有投资性质的经济活动，则消费金融的内涵也将扩大。目前学界对于消费金融的定义并没有统一，借鉴王江等的思路，本部分列举几个消费金融领域常见的术语并做出解释。

（一）消费者金融（Consumer Finance，CF）

从金融的功能角度，Tufano（2009）界定了消费者金融的各项功能，包括支付、风险管理、信贷以及储蓄和投资。其中支付功能包括信用卡、支票和支付卡等；风险管理功能包括人寿保险、预防性储蓄等；信贷功能包括按揭和寅花卯钱等；储蓄和投资功能包括安排现在的资产为了未来的消费和卯花寅钱等。这也是由《经济研究》杂志主办的首届中国消费金融研讨会上所认为的消费金融的英文名称（廖理和张学勇，2010）。

（二）家庭金融或居民金融（Household Finance，HF）

所谓家庭金融是指以家庭为基本的消费单元，并把其中家庭成员所面临的金融问题纳入家庭金融的范畴，比如教育和职业选择等。美联储界定的消费金融包含于家庭金融，囊括了家庭收入成长模式、家庭资产分布和负债来源情况。家庭金融这一概念丰富和补充了 consumer finance 的概念，使得消费金融不仅限于个人，还包括了家庭的金融行为和资产配置。

（三）个人金融（Personal Finance，PF）

从消费者个人财务规划的角度，个人金融主要包括为个人如何制订和实施财务规划，包括如何管理自己的收入，如何进行风险管理（如健康风险、收入风险等），如何管理自己的投资和储蓄，如何管理税负，以及个人的遗产处置和信托等。这个概念同样拓宽了消费者金融的概念，使得消费金融不仅限于消费问题。

（四）消费信贷（Consumer Credit，CC）

消费信贷的概念则立足于金融机构的角度，指金融机构向消费者所提供的用来购买消费产品或服务的借贷产品与服务。美国联邦存款保险公司和美国银行家协会认定的消费金融分别是指消费信贷和银行消费贷款。相对来讲，消费信贷是狭义的消费金融，也是普遍意义上目前国内业界对于消费金融的理解。

二 消费金融的现实载体

在现实世界里，消费金融的市场载体主要有消费金融类公司和消费金融产品与服务。消费金融类公司主要可分为汽车金融公司、消费金融公司和互联网消费金融业态，其中互联网消费金融业态包括互联网小额贷款公司、电子商务平台、P2P网络借贷平台、消费分期网站等互联网科技公司；消费金融产品和服务的具体提供者不仅限于前述消费金融类公司，也包括传统的商业银行和某些上市公司等。

（一）消费金融类公司

本小节的消费金融类公司主要指非银行消费金融机构，包括汽车金融公司、专业的消费金融公司和互联网消费金融业态[①]，但是不排

[①] 诚然商业银行也有消费金融业务，主要包括信用卡和汽车消费信贷等，但是由于消费金融并非其主营业务，或者说商业银行会以其他形式参与到新型消费金融业务中，故相关内容在下节消费金融产品部分做介绍。

除其资产组合有银行资本参与。

汽车金融公司是指由中国银监会批准设立的为中国境内的汽车购买者和经销商提供金融服务的非银行金融机构[①]，其存在的目的是为了打破传统商业银行汽车消费信贷的不足，因为后者更倾向于向汽车经销商批发贷款（王国刚，2013）。与具有明确标的物的汽车金融公司不同，消费金融公司（consumer finance company）的主要业务是向个人消费者发放小额高频的消费贷款，具体的定义是指"经银监会批准，在中华人民共和国境内设立的，不吸收公众存款，以小额、分散为原则，为中国境内居民个人提供以消费为目的的贷款的非银行金融机构。"[②]

国家设立消费金融公司主要是为了向不能充分享受传统的商业银行金融服务的大众和低端消费者提供无须抵押和担保的金融服务，因而消费金融公司的业务范围不包括住房抵押贷款、汽车抵押贷款和信用卡业务，但是消费金融公司也因此成为商业银行和汽车金融公司组成的传统消费金融以外的重要补充，既满足了不同群体消费者不同层次的需求，也完善了我国的金融组织架构。《中国普惠金融创新报告（2018）》指出，消费金融公司主要针对中低收入以及新兴客户群进行市场定位，在金融服务上具有信贷产品灵活宽泛、地区覆盖广泛和市场反应快速等优点。

伴随着移动支付、大数据风控等技术的发展，更多的具有互联网背景的公司也进入了消费金融领域，在对商业银行和专业的消费金融公司形成影响的同时，也产生了新的互联网消费金融业态。所谓互联网消费金融，从字面来看，即"互联网+消费金融"，具体而言，银行、消费金融公司或互联网企业等市场主体出资成立的非存款性借贷公司，借助互联网技术和信息通信技术两大工具，满足个人或家庭对除房屋和汽车之外的其他商品和服务的消费需求，向其出借资金并分期偿还的信用活动（中国人民银行中关村国家自主

[①] 定义来自中国银监会2008年颁布的《汽车金融公司管理办法》。
[②] 定义来自中国银监会2014年颁布的《消费金融公司试点管理办法》。

创新示范区中心支行课题组和李玉秀，2016），这也可以称为狭义的互联网金融，或互联网消费信贷；广义的互联网消费金融还包括在线支付和互联网理财等，本文讨论仅限于狭义。而互联网消费金融业态则专指互联网电子商务公司以及网贷平台等互联网企业对于消费金融领域的渗透。

（二）消费金融产品和服务

所谓消费金融产品，是指银行类金融机构和汽车金融公司、消费金融公司等非银行金融机构推出的面向个人消费者的贷款，又称个人消费贷款。由于商业银行的消费金融业务主要依托信用卡且历史悠久，汽车金融公司的业务范围较为明确，本文的关注点仅在于客户群体和业务范围都更广的消费金融公司以及互联网消费金融业态（以下称为新型消费金融）所提供的产品与服务。我国《消费金融公司试点管理办法》规定，消费贷款意指消费金融公司向借款人发放的以消费（不包括购买房屋和汽车）为目的的贷款，从而简要概括了消费金融产品的内涵。

目前我国新型消费金融产品涉及的领域包括家电、教育培训、旅游、家装和非车交通工具等。其中，消费金融公司提供的产品和服务主要分为消费分期和现金借款两大类，涉及的场景包括网购、校园消费贷、租房、旅游、家装、教育、医美和农业等。除传统商业银行和持牌消费金融公司以外，P2P平台、电商平台、社交媒体和互联网小贷公司也会开展多种形式的消费金融业务，虽然优势不及资金丰富、风控良好的头部持牌消费金融公司，但是也已经形成分类细致的互联网消费金融市场，其产品种类主要是依托网上购物场景的各种消费分期服务。

与信用卡产品和汽车消费金融相比，消费金融公司和互联网消费金融业态的产品具有授信小、审批快、无抵押担保、服务方式灵活等独特优势，因而可以覆盖到传统金融所不能触及的潜在消费市场。以不同场景和消费业态为内容，开发样式多、线上线下全覆盖、申请灵活的消费金融产品能够满足不同层次不同需求的消费者。

三 消费金融政策与监管

由于消费金融具有高频、小额、分散的特点，导致其风险相对传统银行更高。虽然我国的消费金融公司同样不能吸收公众存款，但是依然由银行业监督管理机构依法对消费金融公司及其业务活动实施监督管理。同时国务院办公厅及后来成立的互金整治办也会出台相关政策规范。自2009年银监会发布《消费金融公司试点管理办法》并进行消费金融公司的试点审批工作以来，伴随着消费金融领域实践中出现的问题，又出现了更多的政策和管理办法。总的来说是，积极鼓励发展，在实践中加强监管。

发展政策方面，先是2013年银监会发布《消费金融公司试点管理办法（修订稿）》，并将试点城市范围扩大到10个，并最终于2015年在全国范围内放开市场准入。

2013年国务院办公厅公布《关于金融支持经济结构调整和转型升级的指导意见》，提出"进一步发展消费金融促进消费升级。加快完善银行卡消费服务功能，优化刷卡消费环境，扩大城乡居民用卡范围。积极满足居民家庭首套自住购房、大宗耐用消费品、新型消费品以及教育、旅游等服务消费领域的合理信贷需求。逐步扩大消费金融公司的试点城市范围，培育和壮大新的消费增长点。加强个人信用管理。根据城镇化过程中进城务工人员等群体的消费特点，提高金融服务的匹配度和适应性，促进消费升级。"

2015年11月国务院办公厅接连发布的《关于加快发展生活性服务业促进消费结构升级的指导意见》和《关于积极发挥新消费引领作用加快培育形成新供给新动力的指导意见》中，都提到了对发展消费信贷的大力支持。

2015年12月31日国务院《关于印发推进普惠金融发展规划（2016—2020年）的通知》提到："促进消费金融公司和汽车金融公司发展，激发消费潜力，促进消费升级。"

2016年银监会发布《关于加大对新消费金融领域金融支持的指导意见》，在提出要积极培育和发展消费金融组织体系、改善优化消费金融环境的同时，该意见将消费金融、消费信贷并列，也将汽车金融公司与消费金融公司并列，体现出银行业金融机构、汽车金融公司与消费金融公司在专业分工上的不同。

2018年中国银保监会办公厅发布《关于进一步做好信贷工作提升服务实体经济质效的通知》，提出："积极发展消费金融，增强消费对经济的拉动作用。适应多样化多层次消费需求，提供和改进差异化金融产品与服务。支持发展消费信贷，满足人民群众日益增长的美好生活需要。创新金融服务方式，积极满足旅游、教育、文化、健康、养老等升级型消费的金融需求。"

监管政策方面，2015年7月，人民银行等十部委联合发布《关于促进互联网金融健康发展的指导意见》，并将互联网消费金融划归银监会监管，并提出互联网消费金融公司要"严格遵循监管规定，加强风险管理，确保交易合法合规，并保守客户信息。……要制定完善产品文件签署制度"。

2016年国务院办公厅发布《互联网金融风险专项整治工作实施方案的通知》；2017年银监会等三部委发布《关于进一步加强校园贷规范管理工作的通知》，同年互联网金融风险专项整治、P2P网贷风险专项整治工作领导小组办公室又发布《关于立即暂停批设网络小额贷款公司的通知》和《关于规范整顿"现金贷"业务的通知》，分别对这三类业务进行整顿规范。2018年，人民银行和银保监会、证监会、外汇管理局联合发布的《关于规范金融机构资产管理业务的指导意见》，对于消费金融平台的资金来源和资金杠杆等给出了间接的约束。2019年，银保监会发布《关于开展"巩固治乱象成果促进合规建设"工作的通知》，对消费金融公司的公司治理、资产质量与业务经营三方面问题进行重点筛查和整治。这些政策的出台并不仅仅针对消费金融公司，或者从事消费金融业务的企业或平台，更体现出国家对于消费金融类公司或产品的高质量发展和风险防范极为重视的态度，具有强监管的特征。

第三节 我国消费金融的发展现状、问题与国际经验

一 我国消费金融的发展现状

本部分内容主要涉及现代消费金融。所谓现代消费金融是指消费金融公司和互联网消费金融，因其新生且发展较快，服务对象更为分散，与金融科技的联系更加紧密，是以后国家发展消费金融的重要力量，而传统的商业银行也以各种形式加入到现代消费金融的发展之中[①]。

（一）我国消费金融公司的发展现状

2009年7月22日，中国银监会公布《消费金融公司试点管理办法》，标志着消费金融公司试点审批程序的正式启动。截至2010年2月我国首批4家消费金融公司分别在北京、上海、成都和天津全部进入筹备阶段，这四家公司的发起人分别为中国银行、北京银行、成都银行和派富（PPF）集团，这四家新成立的消费金融公司分别为北银消费金融公司、中银消费金融公司、四川锦程消费金融公司和捷信消费金融公司，其中锦程消费金融公司为合资企业，捷信消费金融公司为外商独资企业。经过2013年和2015年的两次扩大试点，截至2019年9月底，已有24家公司获得消费金融牌照，其中20家为"银行系"，包括13家"银行＋产业系"和7家银行控股，其余为由上市公司、零售企业、信托公司等参与设立。互联网消费金融业态中以阿里、腾讯、京东、苏宁等为主的大公司也陆续进入市场。2014—2015年，京东白条、趣分期和蚂蚁花呗接连上线，形成非持牌消费金融公司的大军。除了以电商为代表的蚂蚁花呗、京东白条等互联网消费金融公司，又有众多的网络小贷牌照公司，还有最近竞争激烈的与场景方合作的分期平台。

---

① 商业银行可以通过信用卡业务切入消费场景、设立消费金融子公司、参加消费金融资产证券化、开展校园贷等方式加入现代消费金融（引自中信建投银行杨荣团队撰写的《银行发展消费金融的路径——聚焦金融科技，注重开放合作》），故本部分不做分开讨论。

目前我国消费金融类公司的商业模式主要有四类：（1）线下渠道为主，如捷信消费金融；（2）线上线下相结合的O2O模式，如海尔消费金融、苏宁消费金融、马上消费金融等，在线上设立金融门户，线下则利用自身门店或者实体产业推广服务，实现了线上线下产品、数据和风控的互通；（3）互联网电子商务平台，即主要利用线上渠道，如京东白条、蚂蚁花呗、招联消费金融等，主要依靠本身的电子商务平台渠道获客；（4）分期平台，如分期乐，主要依靠与场景方进行合作，比如自建线上分期购物商城。比较来看，第三类消费金融公司在运营成本及风控方面具有一定优势，比如运营成本更低，以及包括人脸识别技术、声纹识别、知识图谱等在内的大数据风控手段精准及时。

由于发展模式等外部差异，以及准备金要求的内部限制，我国消费金融公司的发展目前出现了分化。一是在绩效方面，一些大的头部公司经过近年来的快速发展，壮大了业绩基数，但是整体利润增速下滑；一些基数较小发展较慢的消费金融公司仍在快速增长。持牌消费金融公司中有的利润高达10亿元，有的则亏损千万元，仅2018年5月亏损公司的比例就达26%。二是在规模方面，由于消费金融公司的最大杠杆倍数为10倍，加之业务增长的需求，很多消费金融公司都增加了注册资本，但是由于融资渠道的不同，众公司之间出现了较大的规模差异，从5万—30万元、80万元都有分布，而且持牌机构的资金可获得性和资金成本要优于非持牌公司。增资的现状部分反映了消费金融公司对于未来增长的乐观预期，也部分反映了经营成本的上升，例如向线下延伸以及风控、人力和催收的成本。

（二）我国消费金融产品与服务的发展现状

消费金融产品一般是由从事消费金融业务的商业银行、专门的消费金融公司，以及电子商务平台、网络小贷公司等推出，在产品内容和特点上有所不同。商业银行的消费金融产品主要集中在汽车、住房和信用卡方面，发展历史悠久，市场份额较大，但是涵盖的群体有限，不能惠及相当一部分征信条件差的居民群体。麻袋研究院[①]发现，大多数消费金融公司的业务主要以现金借款为主，相对具有电商背景的消费金融平台，消费场景并不丰富。相比之下，基于线上化的互联网消费金融的产品体系更加丰富。目前我国互联网消费金融市场可以大致分为十个类别，包括综合性电商消费金融、3C产品消费金融、租房消费分期、汽车消费分期、大学生消费分期、蓝领消费分期、装修消费分期、旅游消费分期、教育消费分期和农业消费分期。

表11—1列举了部分消费金融类公司的消费金融产品与服务，体现出我国消费金融产品与服务的现状。其中，捷信消费金融是我国首批试点消费金融公司中唯一一家外商独资企业，海尔消费金融是我国首家由产业发起设立的产融结合消费金融公司，马上消费金融是一家同时具有国有股东和社会化股东的多元化混合所有制股东结构的公司，招联消费金融是我国第一家在《内地与香港关于建立更紧密经贸关系的安排》（CEPA）框架下成立的持牌消费金融公司，苏宁是我国较大的电器供应商，天猫京东是国内数一数二的网上购物平台，分期乐是中国分期购物电商模式的开创者，拍拍贷在纽交所上市，在各自领域均具有一定代表性。

表11—1　　　　　　　部分消费金融类公司产品介绍

公司简称	公司类型	产品名称	产品类型	消费场景或客户群体	产品渠道
捷信消费金融	消费金融公司；线下渠道为主	商品贷，消费贷	消费贷款	与国美、苏宁等合作，低信用客户	捷信金融APP，设客户服务中心

---

① https://mp.weixin.qq.com/s?__biz=MzI3MjA5OTY0MQ==&mid=2653676542&idx=1&sn=dbabf09dae08d3c0398761d89d833381&chksm=f0e8f3a8c79f7abee4b561bb49314876a4c80d4941ffd87621d909297204a415ea132cd29de7&scene=0JHJrd《两极分化：一文详解持牌消费金融公司竞争格局》（吴泽来、王诗强）。

续表

公司简称	公司类型	产品名称	产品类型	消费场景或客户群体	产品渠道
海尔消费金融	消费金融公司；线上渠道+线下自身门店	0元购，嗨客贷	商品分期，信用贷款	家装、家居、家电、教育、医美、旅行、3C；家庭用户和年轻人用户	够花APP，嗨付APP
苏宁消费金融	消费金融公司；线上渠道+线下自身门店	任性付，零钱贷	延期付款、消费分期服务	除自身商品外，还提供教育贷、旅游贷、租房贷、装修贷等多场景消费分期服务	苏宁消费金融APP，以及微信、支付宝、中国电信翼支付等其他合作平台渠道
马上消费金融	消费金融公司；线上渠道+线下产业链	马上分期，马上钱包	商品分期，信用贷款	3C数码、教育分期、医疗美容、大额旅行经费、装修基金	马上金融APP
招联消费金融	互联网金融公司；线上渠道为主	信用付，好期贷，零零花	信用支付，分期购物	购物、旅游、装修、教育等；白领、车主、业主、大学生等	招联金融APP

续表

公司简称	公司类型	产品名称	产品类型	消费场景或客户群体	产品渠道
京东	互联网电子商务平台；线上渠道为主	京东白条，旅游贷款，安居贷款，汽车白条	分期消费服务	依托自身电商平台，场景和群体多样	京东APP
天猫	互联网电子商务平台；线上渠道为主	蚂蚁花呗，天猫分期	信用贷款，分期消费	依托自身电商平台，场景和群体多样	天猫APP，支付宝APP
乐信集团	分期购物商城；与场景方合作	分期乐	分期购物，3C产品为主	不同购物场景；面向年轻人群体	分期乐APP
拍拍贷公司	P2P平台	小额贷款	消费+信贷+理财	场景和群体多样	拍拍贷APP

从表11—1可以看出，我国消费金融类公司的产品和服务的种类和消费场景比较丰富，依托手机APP也比较方便客户使用。如果要大规模推广消费金融产品和服务使用的话，应该更多关注农村居民和移动支付、电商物流等硬件基础设施，并加强居民消费金融观念的普及。

二 我国消费金融发展存在的问题

目前我国消费金融业态已经形成了商业银行为主体，消费金融公司和汽车金融公司作为重要补充，电商平台、互联网公司以及金融科技公司为传统消费金融业带来重要挑战和机遇的多元发展态势。2018

年我国消费金融渗透率已经升至34.6%，接近美国42%的水平[①]。但是据2020年2月国家统计局发布的《中华人民共和国2019年国民经济和社会发展统计公报》显示，2019年我国全部金融机构个人短期消费贷款余额99226亿元，其中大部分市场份额被商业银行的信用卡信贷余额占去。截至2019年9月底，商业银行信用卡规模（银行卡应偿信贷余额）达7.42万亿元[②]，全国信用卡和借贷合一卡在用发卡数量共计7.34亿张[③]；我国24家消费金融公司贷款余额总共0.46万亿元，累计服务客户超1亿人次[④]。两相对比，消费金融公司的服务体量还需扩大；汽车消费金融方面，一方面，银行和汽车金融公司占据有利市场地位；另一方面，各种平台竞争激烈。总的来讲，中国消费金融的发展还有广阔的空间。但是也应认识到，经济下行和监管收紧压力下，加之新冠肺炎疫情影响，消费金融的发展仍需审慎乐观。

自身风险大、征信体系不健全使得我国消费金融类公司爆发出很多经营问题。由于消费金融业务频率高、金额小且分散的特性，目前我国消费金融公司的不良贷款率普遍较高，且高于商业银行的不良贷款率；也有一些消费金融公司因业务违规被罚，比如非法经营、高利放贷、暴力催收、校园贷欺诈、裸条贷款等[⑤]。除此之外，还有《关于开展"巩固治乱象成果促进合规建设"工作的通知》所披露的"未落实贷款'三查'制度；违规外包，与助贷机构违规合作；未按规定发放消费贷款；违规从借贷本金中先行扣除利息、管理费、保证金，转嫁成本，对未提供实质性服务项目收费或相对于服务内容而言收费明显不合理；不当催收等"等问题。

消费金融产品方面，虽然场景化成为消费金融机构追捧的热点，

---

① 所谓消费金融渗透率是指消费贷款/消费支出，数据来自光华管理学院和度小满金融合作的《中国消费金融年度报告2019》。
② 数据来源：零壹财经·零壹智库发布的《科技赋能力——消费金融行业发展报告2019》。
③ 数据来源：中国人民银行发布的《2019年第三季度支付体系运行总体情况》。
④ 数据来源：中国银行业协会发布的《中国消费金融公司发展报告（2019）》。
⑤ 数据来源：《消费金融行业洞察报告》，清华大学金融科技研究院金融大数据研究中心和百融行业研究中心2018年12月联合出品。

但是其中也暴露出不少问题,在教育和医美等场景的分期平台,由于合作方的资质问题,出现骗贷或场景方跑路的现象;相比实物类消费金融在各线上电商平台、线下零售场所较高的渗透率,服务类消费的线上渗透率依然较低,规模也较小。

市场竞争方面,产品同质化严重,不惜微利以至亏损经营以抢占市场,甚至会故意污染客户数据的恶意竞争现象,导致很多好客户被误拒误杀,影响行业的正常、良性发展。行业监管方面,一是相比巨大的利润,较低的罚金对于只注重业绩而忽视政策合规的一些消费金融公司来讲太轻;二是经过快速发展之后,在一系列监管政策的出台下,消费金融行业也进入规范整治期。在行业分化加剧的背景下,除头部机构之外的一些其他机构需要在资源耗尽之前,找到适合自身发展的细分市场,如果转型不成功,则可能清盘退出。

三　消费金融发展的国际经验

以消费金融公司为例,历史上的消费金融公司发轫于20世纪初专门从事小额贷款的机构(small loan office),主要面向工人阶层,带有些微的慈善性质。后来随着业务规模的扩大,逐渐变成盈利第一的市场化金融中介机构。20世纪70年代后,由于消费信贷的监管严格化,直接消费信贷增速放缓,面向销售商甚至生产商的间接消费信贷和相关金融服务得到了更多发展,消费金融公司的规模也随着并购而扩大。但是2007年爆发的美国次贷危机使得消费者金融公司受到巨大冲击,因为他们的客户大多为不能从银行得到贷款的个人信贷者。自此全球经济紧缩,消费信贷市场萎缩,消费者贷款坏账率升高。目前西方的消费金融公司主要有美国模式和英国模式,亚洲国家消费金融发展比较突出的是日本模式。

美国模式下的消费金融公司的资金来源不能是存款,利润主要来自资金成本与放款利息之间的差额,由于其客户群是不能从银行获取贷款的非优质客户,因而经营风险较高;监管方面,由于消费金融公司不受《银行法》的约束,只接受业务监管而非机构监管,因而经营环境较银行宽松,产品和服务灵活多样。因此,尽管受到商业银行发展加速以及次贷危机的影响，美国模式的金融公司因其长期的专业性和灵活的贷款组织方式在美国消费信贷市场中的地位一直位居第二。简而言之，美国消费金融产品体系多元，且以信用卡产品为主导，在公司主体上银行与消费金融公司各占据半壁江山。

英国模式的消费金融公司分工更细、专业化更细，主要向工薪阶层提供消费贷款，例如工资日贷款（payday loan），在资金来源上可以吸收公众存款，实行行业自律监管；英国式的消费金融公司在其消费信贷市场中的地位远不如商业银行，后者在信贷消费市场的绝对份额超过2/3，但是近年来随着世界金融危机、新型消费金融公司以及新型消费信贷的出现，英国消费金融公司的市场地位而发生变化。简而言之，英国消费金融产品主要是信用卡业务，商业银行占据主导市场定位。

日本消费金融的起源比较有趣，是由实体经济自发形成进而推动金融机构有所行动的典型案例。战后日本厂商和流通业开发了代金券形式的分期付款，然后小额贷款公司与消费金融公司跟进，与百货公司合作推出购物券形式的分期付款业务，而商业银行对消费金融领域的介入最晚，但是其最后却凭借自身优势占据了信用卡业务的主导地位。日本消费金融服务对象主要是中等和高等收入群体。目前日本消费金融以消费金融公司为主导，市场主体多元。

总的来说，相对国内消费金融市场，发达国家消费金融市场经过近百年的发展，市场体系更为成熟，具有消费金融相关法律体系和监管体系更为健全、个人信用体系完善、市场主体多元等特征；其消费金融公司在消费信贷市场中的规模和重要性大于我国，而且贷款机制更加灵活、贷款品种更加多元，较好地满足了市场需求；其各自的监管模式又符合了本国金融机构发展的传统和特点，不容易照搬。

第四节　消费金融推进供给侧结构性改革的对策建议

习近平总书记在中央政治局第十三次集体学习时强调，深化金融供给侧结构性改革，增强金融服务实体经济能力。随着消费对经济增长的贡献增加、消费升级成为新的增长引擎,无抵押、无担保消费贷款在总消费贷款中的比例上升,消费金融对居民消费能力的提升作用逐渐加强,势必也能推动供给侧结构性改革。就像亚当·斯密在其经典著作《国富论》中曾经说过的,在一只看不见的手的指导下,"他追求自己的利益,往往使他能比在真正出于本意的情况下更有效地促进社会的利益。"

但是,马克思也曾在《资本论》中说过资本的逐利性,"一旦有适当的利润,资本就胆大起来。如果有10%的利润,它就保证到处被使用;有20%的利润,它就活跃起来;有50%的利润,它就铤而走险;为了100%的利润它就敢践踏一切人间法律;有300%的利润它就敢犯任何罪行,甚至冒绞首的危险"。消费金融公司目前的高利润以及违规情况也体现出仅仅有一只看不见的手是不够的。我国消费金融的发展既要靠其本身的生命力,也需要政府这只看得见的手,进行适度监管,在监管当局本身"把事做对"的条件下,帮助消费金融众业态"做对的事",最终形成有效的政企合作局面,共同推进供给侧结构性改革。故本部分从以下几个方面提出发展消费金融进而促进供给侧结构性改革的建议。

一 提升居民收入和社会保障,普及消费金融观念

消费金融的潜在服务群体主要是收入水平不高的居民群体,包括广大的农村及三四线城市及小城镇居民。一方面,收入水平和社会保障水平提升是促进居民消费结构升级的主要因素,增加尾端居民[①]的收入可以引导国民消费结构更加合理地升级;另一方面,节俭和重视储蓄的消费文化也使得超前消费和体验式消费的观念并未普及,目前消费者享受的互联网消费金融产品更多集中在3C产品购买上,在旅游、医美、租房、装修方面等生活服务类消费上使用较少,因此我国消费金融的现实发展并不充分。

对此,政府可一方面继续出台提升居民收入、加强社会保障和刺

---

① 也称长尾客户。

激消费的相关政策，比如增加消费补贴，鼓励拓展消费渠道；另一方面消费金融类公司和政府部门可合作普及消费金融观念，培养互联网消费金融人才，实现精准、全面的产品营销，使得消费金融真正满足不同年龄段和不同收入阶层群体的需求。同时也应该注意，由于消费行为的非理性和消费金融的复杂性，居民在使用消费金融业务的时候容易产生违约行为或后悔消费，造成不必要的资源浪费。消费金融企业可以考虑对消费者进行"信贷教育"和允许其具有"信贷后悔权"，即在消费金融业务生效后或者在线提醒违约惩罚，或者允许"七天无理由退贷"（罗晶等，2016）。

二 依靠大数据技术和部门合作，构建精准全面征信体系

消费金融业务的发展和创新基于个人信用的评估体系及其评估方法的创新。目前我国个人征信体系构建的基础在于个人信用信息的完善并进而形成个人信用报告。但是个人信用报告具有前瞻性不够、缺乏动态性以及覆盖面不足的特点，制约了消费金融服务群体的扩大。

技术方面，获得个人征信牌照的信贷机构应该注重大数据的前瞻性应用。基于大数据前瞻性应用，消费金融公司可以建立更具有多维度性和动态性，以及能够反映客户真实还款能力和还款意愿的信用评价体系，进而通过更加有效的数据分析模型有效预测客户的借贷需求。目前征信领域可以利用的大数据技术包括大数据采集技术、存储技术、抽取和清洗技术，以及大数据挖掘技术（赵大伟，2017）。

但是有时候仅仅凭借线上经营和大数据技术难以解决所有问题。由于消费贷款无抵押无担保，仅仅是基于客户信用状况做出的决策，且如果客户群体多来自小城镇或农村，甚至是学生，则征信信息可能较少；网络时代或者客户的欺诈造假行为难以防范，重复借贷的行为也增加了风险管理的难度。上述情况的存在，对目前我国互联网消费金融的征信能力和风险管理水平提出了较大挑战，因此，完善信用体系还应该加强部门合作，联合不同征信渠道，推动建立商业银行、消费金融公司、传统征信平台和电商平台、小贷公司等跨平台的数据合作共享机制，例如可同时使用芝麻信用和央行征信系统查询，甚至整

合银行系统、工商部门、公安系统、海关部门、医疗系统和社保部门等的个人信用信息。但是同时也应注重消费者的隐私保护，防止泄露。

三　加强信息基础设施建设，加速互联网消费金融下沉

广大的农村、三四线城市及小城镇存在着消费金融的潜在客户群体，为使他们顺利进入消费金融领域，除了提高其收入水平、普及消费金融观念外，加强信息基础设施建设也是有力保障。在上述地区，尤其中西部地区加强信息化基础设施建设，包括互联网和道路交通网络建设，大力推动移动互联网和物联网的覆盖面提升，使得互联网支付、理财等创新型消费金融产品和服务进一步与移动终端相结合，无差别地服务更多消费群体。

目前我国农村居民对于互联网消费金融的财富增值和消费保障效应反应不敏感，在加速互联网消费金融的政策思路下，首先应该针对农村居民制定合理有效的产品创新；其次应该加强农村互联网消费信贷体系建设；最后积极对农村居民开展金融投资、理财技能培训，同时注意互联网消费金融观念以及互联网金融消费权益保护的宣传普及，切实保障农民权益。

四　加强行业自律，完善法律体系，营造良好发展环境

消费金融方兴未艾，但是在快速发展的过程中暴露出很多风险，不仅给自身及行业发展带来隐患，甚至有加剧系统性金融风险的危险。除了要积极引入现代技术防范风险外，消费金融类公司内部也应加强风险控制，完善风险内部控制技术与管理体系，在管理上实施内部数据分级，在合作中防止数据外泄，建立依托大数据的风险评估机制，并加强员工的信息安全培训。

目前我国金融监管部门已经出台多个通知，对消费金融发展过程中的违规行为进行规范，但是还没有专门的法律，建议借鉴美国的《统一小额贷款法》《诚实借贷法》《公平信用报告法》《社区再投资法案》《公平催收行为法》和《多德—弗兰克华尔街改革与消费者保

护法》等，建立完善的消费金融法律体系，对消费金融的利益主体、信用评估和风险等作出全面规定，防止一些企业出现套利套现行为，促进消费金融行业的公平竞争和健康发展，保证消费金融客户群体的利益。具体的监管方面，要采取功能监管为主的监管模式，以促进产品创新，并且对不同类型的消费金融机构进行差异化监管，以促进其稳健经营（叶湘榕，2015）。

第十二章　普惠金融对供给侧结构性改革的影响及路径

第一节　普惠金融与供给侧结构性改革的逻辑关系

一　普惠金融是供给侧结构性改革的内在要求

党的十九大报告指出："中国特色社会主义进入新时代，我国社会主要矛盾已经转换为人民日益增长的美好生活需要和不平衡不充分的发展之间的矛盾。"现阶段我国的普惠金融依然存在一些发展短板，例如在小微企业领域，融资难、融资贵问题相对突出；乡村振兴领域的金融支持有待加强；弱势群体、贫困人口的金融服务便利性不高等。这些问题都是关乎人民群众切身利益的问题，也是新时代社会主要矛盾的具体表现。而当前我国经济运行的主要矛盾仍然是供给侧结构性的，按照中央经济工作会议部署的八字方针，当前和今后一个时期应在"巩固、增强、提升、畅通"上下功夫。践行普惠金融理念有助于补齐民生领域短板，是金融服务实体经济、服务人民群众生活的重要体现，可以有效缓解现阶段社会发展矛盾，有助于金融资源更加公平、更加均衡、更加可持续地惠及社会各个领域，所以普惠金融符合供给侧结构性改革的内在要求，更是全面建成小康社会的必然要求。

二　普惠金融是金融供给侧结构性改革的重要内容

金融供给侧结构性改革是中央决策层首次提出，是未来我国金融业改革发展的主攻方向，而深化金融供给侧结构性改革一个非常重要的任务便是促进普惠金融的发展。根据中央政治局关于金融工作的最新要求，构建多层次、广覆盖、有差异的银行体系，增加中小金融机构的数量和业务比重，这些都属于普惠金融的重点任务。当前在金融领域供给端不足主要体现在中小微企业高效高质的金融供给不足，普惠金融作为服务小微企业的核心金融业态，将会显著提升金融供给侧结构性改革的动力效能。一方面，普惠金融有助于所有市场主体享受公平化的金融支持与服务，符合共享发展新理念；另一方面，普惠金融有助于释放中小企业、创新创业群体等市场活力，激发经济新动能，是供给侧结构性改革的应有之义。

第二节 普惠金融的内涵与发展现状

一 普惠金融的内涵

普惠金融（inclusive finance）又称包容性金融，其概念的提出要追溯至 2005 年，当年联合国在推广小额信贷年时提出了"普惠金融"这一金融名词。当时，其含义是指构建科学有效、全方位，并且可以涵盖社会各个阶层、各种群体的金融服务体系。可见普惠金融的题中之义，在于给所有具有真实金融服务需求的个人或是企业，提供公平的无差异的金融服务。在国内对普惠金融也有一类定义，是指立足机会平等要求和商业可持续原则，以可负担的成本为有金融服务需求的社会各阶层和群体提供适当、有效的金融服务。这一定义是基于我国国情提出的，其内涵主要倾向于现阶段我国普惠金融的重点服务群体，即小微企业、"三农"领域、贫困人群等。

二 我国普惠金融的发展现状分析

近两年我国普惠金融发展势头良好，越来越多金融产品和金融服务进入寻常百姓家，同时科技创新发展也在不断改变传统普惠金融的运作模式。具体来看，目前我国基础金融功能服务已经基本实现了全国范围的覆盖，银行结算类账户、借记卡、信用卡使用也已广泛普及，国内四线以上城市电子支付发展迅速，保险产品和规模逐年增长,社会信用体系建设不断完善,民众金融安全意识、消费金融素养不断提高。十九大以来党中央、国务院以及各大部委都出台了一系列支持普惠金融的相关政策,国家层面对普惠金融的重视达到了一个空间高度。

(一)现阶段普惠金融政策体系日益完善

本书通过搜集国务院及相关部委2018年上半年出台的普惠金融政策,现梳理如下表12—1所示。

表12—1　　　　　　　　　普惠金融政策梳理

政策名称	政策发布时间	政策主要内容
《中国人民银行关于对普惠金融实施定向降准的通知》	2018年1月25日	降准对象从中小银行扩展到绝大多数商业银行普惠金融领域,同时降准分两个档次:第一档:前一年普惠金融贷款余额或增量占比达到1.5%的商业银行,存款准备金率可在人民银行公布的基准档基础上下调0.5个百分点;第二档:前一年普惠金融贷款余额或增量占比达到10%的商业银行,存款准备金率可按累进原则在第一档基础上再下调1个百分点。
国务院决定设立5000亿国家融资担保基金	2018年3月28日	由中央财政发起,联合有意愿金融机构设计担保基金,预计今后三年基金累计可支持相关担保贷款5000亿元左右,可大大缓解中小企业融资难问题。
央行定向降准1个百分点释放4000亿元流动性资金投向小微企业	2018年4月17日	央行定向降准1个百分点,释放流动资金4000亿元,一部分偿还央行MLF,剩余资金按照央行要求投向小微企业贷款,并适当降低小微企业融资成本。

续表

政策名称	政策发布时间	政策主要内容
国务院再推出7项减税政策	2018年4月25日	支持银行制定专门的普惠信贷计划、安排专项激励费用、细化尽职免责办法,探索小微企业中长期固定资产贷款、新型农业经营主体设施抵押贷款、扶贫金融等产品创新;部署对银行普惠金融服务实施监管考核,确保2018年实体经济融资成本下降;降低"双创"成本、增强小微企业发展动力、促进就业。
国务院部署进一步缓解小微企业融资难措施	2018年6月20日	增加小微、"三农"企业再贷款、再贴现额度,下调支小再贷款利率。至2020年底,将符合条件的小微企业和个体工商户贷款利息收入免征增值税,单户授信额度提高至500万元。禁止金融机构向小微企业贷款收取附加费用。鼓励未设立普惠金融事业部的银行增设社区、小微支行。
央行定向降准0.5个百分点释放2000亿流动性资金投向小微企业	2018年6月24日	下调邮储银行、城商行、非县域农商行、外资银行人民币存款准备金率0.5个百分点,释放约2000亿元资金用于支持相关银行开拓小微企业市场。
关于进一步深化小微企业金融服务的意见	2018年6月25日	包括23条具体措施,货币政策:引导金融机构聚焦小微企业信贷投放;财税政策:利息收入免征增值税单户授信额度上限提高至500万元。严控贷款机构收取财务顾问费、咨询费。优化营商环境,严厉打击骗贷骗补等违法违规行为。

资料来源:国务院网站、中国人民银行网站、中国银保监会网站。

（二）基础金融服务覆盖领域不断扩大

普惠金融服务逐渐向县区、乡镇、社区、街道等基层延伸，商业银行机构、保险公司在乡镇一级的物理网点个数不断增长。截至2017年末，我国商业银行的经营网点个数已达到22.76万个，近五年增长幅度为85%，商业银行物理网点乡镇覆盖率为95.99%，25个省市达到了"乡乡有机构"。截至2017年末，乡镇农业保险服务体系逐渐健全，网点数量已达到36.4万个，乡镇一级的覆盖率超过95%，村级覆盖率达到50%。截至2017年末，我国ATM机数量、POS机数量分别达到96.06万台、3118.86万台，近五年分别增长84.7%、193.3%。全国行政村基础金融服务覆盖率为96.44%，近五年提高了13.6个百分点。

（三）普惠金融薄弱领域短板逐步补齐

普惠金融的薄弱领域主要体现在三个方面：一是小微企业领域，主要涉及小型企业、微型企业、个体工商户等，截至2017年末，银行业对该领域贷款余额30.74万亿元，近五年来增长73.1%，占各项贷款余额的24.5%；2017年共为1521万户小微企业给予金融贷款支持，较2013年末增长21.7%；二是"三农"领域，截至2017年末，银行业在"三农"领域的贷款余额为30.95万亿元，近五年来增长48.2%，占各项贷款余额的24.6%；其中农户贷款余额8.11万亿元，近五年来增长80%；农村企业及各类组织贷款余额17.03万亿元，近五年来增长33.1%。2017年农业保险领域参保农户数量共计2.13亿户次，承保农作物21亿亩，占农作物播种面积的84.1%，近五年提高39.7个百分点；2017年"三农"领域提供风险保障2.8万亿元，较五年前翻一番；三是科技领域，鼓励商业银行在高新区、试验区、产业园等科技创新资源集中区域专门设立特色金融机构，为科技型中小微企业提供全方位金融服务。截至2017年末，全国商业银行系统共设立科技支行、科技服务金融机构等645家，为科技型企业提供贷款2.95万亿元。

第三节　普惠金融推进供给侧结构性改革的主要形式

一　小微金融

小微企业是国民经济的生力军，做好小微企业金融服务工作，促进小微企业健康发展，事关经济社会发展全局。小微金融便是普惠金融支持小微企业的一种分支。例如，蚂蚁金服旗下的网商银行利用大数据和人工智能技术，解决了无抵押、无信用记录、无财务报表的电商平台小微商家的融资难题，并开创了"310"模式，即3分钟在线申请、1秒钟到账、零人工干预的贷款流程。这一模式已经服务了约1100万的小微商家。

二　"三农"金融

"三农"金融是金融机构围绕"涉农政策、财政补贴、普惠金融、便民生活"等服务场景，为不能充分享受传统金融机构服务的农村中低收入群体，提供小额信贷、保险、投资、电商等多方位服务。从目前的发展模式来看，在信贷方面开发了适合农村社会的无抵押贷款模式，突破了传统金融机构的思维模式，重点考察农村客户的还款能力和还款意愿，并采用整贷零还的还款方式。在产品设计方面，通过调整贷款上限、还款周期、担保政策，创新审核流程、放还款方式等，丰富完善了更能满足农户需求的贷款产品。

三　扶贫金融

扶贫金融是普惠金融支持打好脱贫攻坚战的重要金融产品，其运营模式主要包括：开发模式（针对不同领域提供融资方案）、共享模式（扩大金融普惠基础）、匹配模式（针对特定人群提供融资方案）等。例如，平凉市地处六盘山特困片区核心区域，贫困发生率高达41.5%，通过扶贫金融等一系列脱贫攻坚行动，到2016年末3.13万户12.69万人138个贫困村实现脱贫，贫困发生率降低至10.5%。

四 数字普惠金融

数字普惠金融是普惠金融在通信、网络环境、支付体系、征信等金融基础设施支撑下，并结合人工智能、大数据、云计算等新兴技术的发展业态，主要通过各类途径和渠道助推乡村振兴、精准脱贫、小微企业融资等。数字普惠金融在服务供给侧结构性改革方面有四大优势：一是服务覆盖广泛化。一些地区即使没有银行物理网点，客户也可以通过互联网寻找金融资源，完成非现金交易，金融服务更加直接；二是客户群体大众化。数字技术的发展，使得长尾市场的边际成本大幅降低，基于互联网技术可将金融服务渗透至社会的各个方面，同时实现精准营销满足个性化金融服务需求；三是风险管理数据化。基于云计算、大数据技术，可对日常交易数据和信息分析交流，金融机构可有效判断客户信用水平，提高授信评审效率，便于低收入群体以及小微群体获得便利化金融服务；四是交易成本低廉化。数字技术的推广使得资金供需双方可以基于网络平台完成信息搜寻、定价和交易，减少了实体网点的部分替代和人工成本。

第四节 普惠金融在推进供给侧结构性改革中的问题与挑战

2019年2月22日习近平总书记在中央政治局集体学习时指出，深化金融供给侧结构性改革要以服务实体经济、服务人民生活为本。而普惠金融正是践行以服务人民生活为本的典型金融业态，是党中央、国务院高度重视的金融业态之一，也是我国金融市场中尤为重要的金融主题之一。自十八届三中全会提出大力发展普惠金融，到2017年银监会发布《大中型商业银行设立普惠金融事业部实施方案》，再到2018年习近平主持召开的民营企业座谈会，一系列政策、一项项举措、一次次重要会议都在有条不紊的推动我国普惠金融的发展。这不但为普惠发展营造了良好的政策环境，而且加快了我国金融基础设施进程，促进普惠金融实质性推动。现阶段，我国普惠金融发展迅速，并已被认为与科技金融、绿色金融构成了未来中国金融市场的三足鼎立框架。但是我们也应清醒地认识到，随着普惠金融的深入推进，普惠金融发展会遇到"瓶颈期"，会逐渐暴露出一些突出问题。结合我国普惠金融的发展现状，本书浅析未来我国普惠金融发展可能会出现的一些深层次问题。

一 商业银行践行普惠金融的可持续性问题

当前，普惠金融已在各大国有银行深入践行，开展普惠金融业务已成为商业银行担当社会责任的表现。但商业银行毕竟要考虑自身利润，未来普惠金融业务是否能够长期延续，如何兼顾政策导向与银行自身利益，都要划上一个大大的问号。因为商业性金融机构不是政策性金融机构，普惠金融与政策性金融还是有较大区别，发展普惠金融如果单单依靠国家财政补贴、政策激励，势必不是长久之计。因此，我们既要保持战略定力，提升商业银行继续开展普惠金融的积极性，还要保证商业银行开展普惠金融业务所获经济利润的可能性，两者兼顾才可使商业银行践行普惠金融的可持续性。

二 数字普惠金融的风险问题

防范化解金融风险是金融工作的本质内容，往往快速发展的新金融业态都暗藏着新金融风险，近年来随着数字经济的蓬勃发展，数字普惠金融应运而生并且发展速度惊人，据相关数据统计我国的数字普惠金融水平已经步入世界前列，为普惠金融改革、普惠金融创新带来重要影响。但是，数字普惠金融领域的风险隐患却日渐显现，例如，金融数据安全问题、个人隐私保护问题、信息泄露问题、信息披露问题，等等。因此，要正确面对数字普惠金融的发展，科学引导数字普惠金融发展方向，规范发展数字普惠金融业务，不断完善数字普惠金融领域的数据信息安全系统，以及数据保护问题，切实维护普惠金融安全，当然，这需要统筹银保监会、统计部门、大数据部门等多方协同配合，健全及时反映风险波动的信息系统。

三 伪普惠金融机构的监管问题

普惠金融是金融机构尤其是大中型商业银行需要积极发展的金融业务，也是金融市场的导向性工作。但需要注意的是，虽然引导发展普惠金融的宏观政策日益健全，但并不意味着所有金融机构都要强制性开展普惠金融业务，至于是否开展、如何开展还要视该金融机构自身发展以及当地的金融生态环境状况。在现实操作层面，仍然存在不少数字普惠金融乱象，一些金融机构或者类金融机构以数字普惠金融之名，暗中从事非法高息业务，成为典型的伪普惠金融机构。因此，鉴别数字普惠金融机构真伪，整治数字普惠金融领域乱象，规范数字普惠金融运行，都是摆在监管当局的重要难题。

第五节 普惠金融推进供给侧结构性改革的对策建议

一 加强普惠金融战略谋划和体制机制配套

推进普惠金融发展既是商业金融机构尤其是国有大型银行的责任担当，也是机构自身战略转型、实现可持续发展的必然选择。商业银行特别是国有大型金融机构要充分认识普惠金融在金融供给侧结构性改革的重要作用，充分认识普惠金融在国家发展全局的战略作用，要把更多高效高质的金融资源向普惠金融领域倾斜，加强普惠金融的战略谋划和体制机制配套，不断探索和推动普惠金融可持续发展的商业模式。

一是不断完善普惠金融业务的整体组织框架。对商业银行而言，开展普惠金融业务并非权宜之计，而是国家发展全局与行业发展布局的战略安排。大型银行要将普惠金融与乡村振兴战略紧密结合、与服务民营经济相结合、与服务实体经济发展相结合，将普惠金融业务列入顶层发展规划。要不断优化组织架构，统筹协调相关业务条线的普惠业务，利用网点密集优势加快形成从村镇到城市的普惠金融覆盖面。加强普惠金融的垂直化管理，将普惠金融发展战略融进银行管理机制之中，传导到省市县三级分支机构和相关业务条线，加快普惠金融专业化人才队伍建设，重点推进普惠金融业务布局、行业拓展、产品设计及风险防控等工作。

二是建立与普惠金融相适应的专项评估机制，重点抓普惠金融工作落实。尽快形成普惠金融工作常态化考评机制，科学设计差异化普惠金融考核指标体系，要把握尽力而为与量力而行的原则，避免形式主义。监管部门特别要抓实各级金融机构负责人的主体责任，强化地方监管责任，畅通自上而下的政策传输通道。同时，完善不同部门之间、不同条线之间的动态考评机制，加强普惠金融服务的延续性和协同性。

三是健全普惠金融资源支持体系。普惠金融业务涉及面广，行业领域宽，企业种类也较为复杂，所以应协调科技资源、人力资源、公司信贷部门、中小企业部门等多方面给予支持。同时要加大对普惠金融一线人员的政策倾斜力度，出台实质性措施鼓励青年优秀人员参与普惠金融工作。

二　以数字普惠金融为抓手，推进金融供给侧结构性改革

所谓数字普惠金融，广义上来说是指金融科技与普惠金融的有机结合，金融科技主要通过两个方面与普惠金融进行深度融合，一方面，金融科技有效解决了金融机构物理网点的范围限制，基于大数据、云计算等技术精准寻找各类客户，对接小微企业、"三农"领域的客户需求，不仅大大降低了金融机构的运营成本，还使普惠金融服务更加便利化和精准化；另一方面，基于区块链、人工智能等技术，普惠金融业务在整条金融服务链上大幅减低了人工成本，同时还可以实现从贷前征信至贷后监管的全流程监控，有效防范化解普惠金融风险。

结合近年来数字普惠金融的发展，其对服务实体经济尤其是小微企业和三农工作发挥重要作用，但是数字普惠金融涉及多种金融生态模式，在现行以机构为主体的监管体系中，仍然有可能出现新的金融风险，因此，在做好数字普惠金融服务金融供给侧结构性改革的进程中，需要把握好以下几个问题。

一是兼顾金融稳定与金融创新的平衡关系。服务实体经济发展是

金融的本源，防范化解金融风险是金融工作的本质，随着数字普惠金融业务的渠道延伸下沉，其潜在的金融风险值得监管当局注意。这就要求监管部门在数字普惠金融创新与金融稳定之间做出适当权衡，出发点应当是促进数字普惠金融这一金融业态规范发展，引导其对小微企业、三农领域等薄弱环节的资金支持，同时要防范金融风险积聚。

二是完善金融基础设施建设，为数字普惠营造良好外部环境。应重点加强三方面的工作，第一要稳步推进数字普惠金融行业关键信息基础设施国产化，当前商业银行等金融机构的核心信息系统都是采用国外设备和产品，这是金融信息安全的一大隐患，采用国产设备有助于从底层防控金融风险。第二，做好金融数据平台统一化。数字普惠金融离不开金融数据的支撑，通过建立统一的金融信息大数据平台，对完善征信体系、金融舆情监控体系、系统性金融风险防控体系都至关重要。第三，加大农村偏远地区的金融基础设施。数字普惠金融业务的下沉需要以地方数字化发展基础为前提，目前我国一些偏远地区的金融基础设施还比较落后，尤其是互联网发展程度严重不足，这些都阻碍了数字普惠金融信贷业务的开展。

三是重视对数字普惠金融消费者的权益保护。数字普惠金融的参与群体复杂，参与方之间法律关系界定尚不清晰，加上互联网操作交易的背景，使得金融消费者处于信息不对称的劣势方。所以在加强对数字普惠金融消费者权益保护方面应加大力度，第一，要强化行为监管，尤其是对干扰市场正常秩序以及有损金融消费者权益的行为，应加大行政处罚力度；第二，针对数字普惠金融服务群体中"长尾人群"的特征，要及时建立消费者保护机制，监管部门还应配套建立金融消费者投诉受理机制；第三，要倡导负责任金融理念。数字鸿沟的存在会使不负责任的数字化加剧金融风险发生，所以在推进数字普惠的金融生态圈中，不管是在法律层面还是在金融实践层面，从监管当局到服务中介再到金融消费者，都应秉承负责金融理念，维护好数字普惠金融生态圈的良性状态。

第十三章　展望：财政金融协同推进供给侧结构性改革

　　财政、金融作为推动供给侧结构性改革的重要政策手段，对其理论逻辑、运行机制和工具选择等相关问题的研究具有极强的理论价值和实践意义。本书总论篇在探讨供给侧结构性改革逻辑源起和理论界定的基础上，对财政金融协同的投资激励约束机制、产业引导机制、成本降减机制和外部保障机制进行了深入阐述。财政篇以建立现代财政体系框架为出发点，针对政府引导基金、政府采购政策、税制建设和地方债务等突破口进行了探讨。金融篇围绕现代金融体系框架，分别对科技金融、绿色金融、消费金融、普惠金融在推进供给侧结构性改革中的作用进行了论述。

　　目前供给侧结构性改革已取得了显著成效，各种深层次的矛盾逐步显现，更加需要理顺各项体制机制，为优化经济结构、升级供给体系、提升创新驱动能力和实现资源市场化配置，构建坚实的制度基础。其中，财政金融政策协同可以作为深入推进供给侧结构性改革的重要抓手。

第一节　财政金融协同是深化供给侧结构性改革的有效推力

　　财政金融协同的本质是对宏观调控的创新和完善，通过建立财政金融政策协调机制，提升宏观调控效率，畅通政策传导路径，优化财政金融资源配置，进而实现提高供给体系质量的目标。

一 财政金融政策协同是创新和完善宏观调控的必由之路

科学有效的宏观调控是完善社会主义市场经济体制、提高国家治理体系和治理能力现代化水平的必然要求。在社会主义市场经济条件下，宏观调控有着不容忽视的重要作用。在市场对资源配置起决定性作用的同时，市场自发调节的盲目性客观存在，经济运行失衡的风险难以避免。宏观调控的目的正是保障实现经济发展战略目标和社会主义生产目的（汪同三，2018）。

创新和完善宏观调控，需要健全经济政策协调机制。其中，财政政策和金融政策作为重要的调控政策，其协同发力具有重要影响力。如前文所述，财政金融协同可以通过投资激励约束机制优化投资结构，通过产业引导机制重塑经济结构，通过成本降减机制提升经济发展效率，通过外部保障机制保障改革实施。在上述机制的共同作用下，财政金融政策协同必将成为创新和完善宏观调控的一条必由之路。

二 财政金融政策协同是优化财政金融资源配置的积极探索

优化财政金融资源配置是供给侧结构性改革的直接要求。以行政手段分配资源和财政资金直接投入的资源配置方式，已难以满足经济高质量发展的需要。在资源配置由行政主导转向市场化决定的过程中，积极完善财政金融协调机制，是对财政资源优化配置的有益探索，亦是对社会资源更优化配置的有力促进。

财政金融政策协调可以强化财政政策的引导能力。通过财政政策与金融手段的结合，将财政政策结构调控优势和金融杠杆作用相结合，能够以更低的财政支出成本实现既定政策目标。财政金融政策协同可以提高金融资源配置效率。通过财政手段引导和财政金融协同工具创新，可以将更多金融资源引入国家和区域发展的重大战略需求中，规避市场分配资源的盲目性和趋同性，实现金融资源的更优化配置，推进社会主义经济发展战略目标的实现。财政金融政策协同可以提高社会资源配置效率。将财政政策结构调控优势和金融的跨期资源配置作用相结合，可以服务于长期性、全局性政策目标，从而促进社会资源的跨预期、跨周期优化配置。

三 财政金融政策协同是提高供给体系质量的有效途径

供给侧结构性改革的关键是提升供给体系质量。衡量供给体系质量，至少应从经济增长方式的可持续性和经济结构的内外协调性两个方面来把握。一方面，通过供给侧结构性改革，形成保持经济稳定增长的能力，就必须降低对要素的依赖性，发掘增长新动力，加快实现经济发展动力变革；另一方面，通过供给侧结构性改革，建立现代化的经济结构，增强经济结构的内部协调性，强化经济结构调整的外部正效应，最终为实现经济高质量发展奠定坚实的基础。

在经济总量持续扩张的背景下，单一的财政政策调控受限于财政支出的总体规模和民生支出的刚性需求，难以作为推进供给体系动力转换的主要资金来源。而金融资源逐利性的特征又导致了更多资源被投入到虚拟经济和国有经济中，而实体经济、民营经济获得金融资源的难度相对较大，服务于新旧动能接续转换的动力不足，单一的金融政策调控亦难以克服这一问题。而推进财政金融政策协同，可以加快经济体系的动力转换和经济结构的不断升级，从而提高供给体系质量。通过科学的财政金融政策配合，发挥好财政政策在结构调控方面的先天优势，结合金融政策在微观调控方面的成本、覆盖面上的优势，设计更多有针对性的财政金融政策工具组合，最终实现提升供给体系质量的目标。

第二节 财政金融协同推进供给侧结构性改革的主攻方向

供给侧结构性改革是新时期我国建设现代化经济体系的主线。财政金融协同推进供给侧结构性改革，应围绕现代化经济体系建设任务，既要直接发力推动经济结构转型升级构建现代产业体系，更需要提升调控管理能力、优化社会创新环境和构建体制机制等以作为主攻方向，加快建设"市场机制有效、微观主体有活力、宏观调控有度"

的经济体制。

一 通过财政金融政策协同促进经济产业结构深度优化

在经济结构调节方面,财政政策具有先天的优势,但是政策影响力受到诸多因素影响,加之传导渠道较为单一,因此需要与金融政策协同配合。在既定的区域、产业等经济政策框架内,通过合理搭配财政金融政策,可以起到更佳的调控效果。例如,为鼓励科技创新,同时出台针对科创企业的财政支持政策和信贷优惠政策,可以引导更多资源流入这一领域,激发社会投资积极性。在践行绿色发展理念过程中,大力发展绿色金融并配套相应税收约束政策,可以加速相关行业的优胜劣汰。

在促进产业结构优化方面,财政金融政策协调主要从存量和增量两个维度发挥作用。对于既有产业而言,在市场竞争的环境下,必然会不断有企业在市场竞争中被淘汰,进而形成社会资源的低效率沉淀。通过财政金融政策工具组合,可以加速闲置资源例如土地、人才、设备、资金等的市场化配置,从而加速产业结构调整。对于新兴产业而言,有针对性的财政金融政策组合,可以加快产业规模扩张和质量升级,进而为符合先进生产力发展方向的战略性产业跨越式发展提供助力。本书第五章中所研究的政府引导基金即属于典型的财政金融政策组合工具。基金兼具政策性和市场化属性,对财政性资金需求较少而效果显著。

二 通过财政金融政策协同提升供给侧的调控管理能力

供给侧管理的基本逻辑是政府调控供给。与需求侧管理相比,供给侧管理具有较强的直接性、强制性、倾斜性和事前性特点,其在迅速淘汰落后产能、精准提升经济运行质量、推动产业组织结构优化、鼓励形成自主创新能力、统筹国民经济各部门协调发展等方面具有优势(何自力,2016)。政府调控供给的过程中,传统的以行政指令为主的方式因其计划性过强且适应性较弱,已难以成为供给侧管理的主要工具。

通过财政金融政策协同，可以有效地优化政策目标传导途径，以更低的社会成本实现既定调控目标，从而有利于提升供给侧的调控管理能力。具体而言，财政金融政策协同可以畅通宏观经济管理政策和微观主体决策间的传导渠道，并形成更加迅速的反馈机制，最终使供给侧的调控管理能力得到有效提升。例如在鼓励绿色发展方面，在专项补贴等财政支持政策的基础上，通过推行绿色信贷、绿色债券、碳金融等创新型金融政策，为绿色产业发展和产业绿色化发展创造良好条件，进而激发市场主体转型积极性。而绿色信贷和绿色债券的相关发行数据，又可以作为市场反响程度的直观体现，为后续政策设计提供积极参考。

三　通过财政金融政策协同优化创新驱动发展环境

从长期来考察，推动人类社会发展的支撑因素是有效供给对于需求的回应与引导。在全球化的社会化大生产背景下，颠覆性的供给侧创新将形成引导式的改变，体现在宏观经济中一定是形成增长的动力（贾康、苏京春，2016）。正如本书第一章所论述，供给侧改革本质上是从"要素驱动"到"创新驱动"的路径调整。在实践中，创新驱动需要良好的外部环境作为支撑，特别是在解决创新过程中的资金难题方面，财政金融政策协同可以作为一个有力抓手。

对于创新主体而言，无论是基础性的科技创新，还是满足日益多样化社会需求的产业、业态和模式创新，在带来巨大的潜在收益的同时，都必然要求创新者承担巨大风险。创新主体需要在风险与收益中进行最有利的选择，这亦是市场机制调节的过程。而外部的政策支持，特别是对创新风险的分担方面的政策支持，则可能改变创新主体决策，从而在较大范围内激发企业创新积极性，最终起到鼓励创新的良好政策效果。

四　通过财政金融政策协同加快健全市场化资源配置机制

深化要素资源供给领域改革，加快形成市场化资源配置机制是供给侧结构性改革的重点任务。随着社会主义市场经济的发展，依靠机械行政手段调控资源配置的效率已难以适应经济高质量发展的要求，单一的财政政策调控和金融政策调控在优化资源配置方面已面临瓶颈。

通过财政金融政策协同，健全财政性资源和社会金融资源的配置机制，切实使市场在资源配置中起决定性作用，是解决上述问题的可行路径。就制度层面而言，推进财政金融政策协同，建立相关制度框架，是实现由行政主导资源配置向市场主导资源配置转变的重要步骤，更是重塑政府与市场关系的积极探索。就政策定位而言，财政金融协同有助于加强政府与市场的高效协调配合，通过增强财政政策和金融政策的引导功能，进一步扩大市场主体自主决策、自负盈亏的空间，提升市场竞争公平化程度。从工具设计角度，财政金融协同工具例如政府引导基金、绿色贴息债券的运用，将有力提升财政资源和金融资源的配置效率，促进全社会资源的更优化配置。

第三节 财政金融协同推进供给侧结构性改革的路径选择

财政金融政策包含多种政策工具，不同情境下各工具的政策搭配、作用效力、范围、时滞会存在差异，综合发挥财政金融政策的协同合力意义重大。供给侧结构性改革的深入同样需要"一揽子"统筹平衡、布局合理、衔接有序、操作有效的财政金融协同方案。就具体路径选择而言，财政金融协同应围绕供给侧结构性改革的基本任务，积极从加强政策创新、增强引导功能、强化激励约束和构建保障机制等方面着手。

一 加强政策创新，提升财政资源配置效率

财政金融政策协同本质上是宏观调控政策的深度创新。党的十九大报告针对创新和完善宏观调控，提出了健全财政、货币、产业、区域等经济政策协调机制的要求。建立完善经济政策间协同机制，是宏观调控创新和完善的积极探索，亦是政策资源配置优化的必然选择。

推进财政金融协同机制的创新，需要加大政策创新力度。对既有财政金融政策工具进一步统筹协调，将财政补贴政策、税收优惠政策、利率优惠政策、投资支持政策、信贷引导政策、人才优惠政策等多类政策组成政策工具池，根据调控目标导向，选择适当政策工具形成政策组合或者结合调控需求创新形成组合型政策工具。通过运用统筹平衡的财政金融政策组合或者组合型政策工具，推进财政资源的优化配置，解决财政资源有限性和金融资源逐利性的客观约束，推进财政金融资源配置效率的提升。典型的组合型工具有政策性股权引导基金和政策性融资担保基金。前者以财政性资金联合社会资本，共同为符合特定产业政策导向的企业提供股权融资支持，在满足政策调控要求的同时分享企业发展红利，具有较强的可持续性，因此被较多运用于新兴产业扶持方面。后者的优势则在于提高了财政扶持政策的覆盖面，较奖补等政策而言，以同样的财政资金投入可以惠及更广，因此被较多用于扶持中小微企业和"三农"发展。

二 增强引导功能，吸引金融资源投入实体经济

加强政府与市场高效协调配合是供给侧结构性改革的基本任务之一。在经济增速放缓的现实条件下，资本的逐利性将会不断加大经济"脱实向虚"的风险，金融服务实体经济动力不足的情况客观存在。就实体经济内部而言，微观主体决策的羊群效应亦会加剧经济金融的波动风险。通过财政金融协同引导金融资源流入实体经济，为实体经济健康发展提供支持，具有重要的现实意义。

发挥财政金融协调对金融资源的引导功能，需要在加强产业导向、优化创新扶持、强化风险分担等方面施策。政策设计的核心应是在推进实体经济高质量发展、增强实体经济活力上下功夫，提高资金收益率进而对金融资源服务实体经济形成正向激励。一方面，有针对性地选择个别关键性、战略性产业，集中优势资源进行扶持，发挥股权投资基金、产业扶持基金的撬动作用，鼓励优势企业开展核心技术创新，持续提升核心竞争力；另一方面，对于收益与风险不匹配的部分传统产业，通过政策性融资担保、风险补偿基金等方式构建对金融

资本更加有利的风险分担机制，以此鼓励传统产业优势企业加快技术升级改造，促进传统产业的数字化、智能化升级，提升供给质量效益。最终，通过财政金融协同，显著降低金融资源服务实体经济的风险，充分调动其积极性，实现金融与实体的良性互动。

三 强化激励约束，优化存量社会资源配置

优化存量资源配置是供给侧结构性改革的重要任务目标。在"去产能、去库存、去杠杆、降成本、补短板"工作中，财政、金融政策均已发挥了重要的积极作用。而在深度优化存量资源配置方面，更加需要发挥财政金融协同的激励约束作用，推进经济结构的升级。

在深入推进供给侧结构性改革的过程中，诚然需要增大各类财政金融资源的投入以实现稳定经济增长和促进新兴产业发展的目标，但是同样需要通过政策调控对微观主体投融资行为进行适度约束，避免低端产能的无序扩张，加快存量资源的重组利用，确保供给侧改革政策目标的全面实现。一方面，通过财政资金与社会资本共同设立不良资产处置基金等方式，加快对闲置社会资源的盘活利用；另一方面，在巩固好"三去一降一补"成果的基础上，继续推动更多产能过剩行业加快出清，加快"僵尸企业"的分类处置，减少"僵尸企业"对各类资源的消耗，对于产能过剩行业内部和上下游链条间的兼并重组予以财政金融政策支持。通过两方面共同发力，使土地、劳动力、资金、设备等资源从低生产率的领域流出，进入高效率的生产领域，进而提升社会全要素生产率。

四 构建保障机制，激发经济增长内生动力

深入推进供给侧结构性改革是对供给需求再平衡的过程。低效率的供给被出清从而在短期内提高社会资源配置效率，创新驱动逐步取代要素驱动从而实现供给侧的持续升级，最终形成供给需求在更高层次的新均衡。在这一调整过程中，难以避免社会成本的产生，创新失败的潜在风险亦成为阻碍微观主体创新的重要瓶颈。通过财政金融协同构建完善的保障机制，有助于为结构调整提供稳定的社会环境，建

立与创新驱动发展方式更加适应的社会制度环境,进一步激发经济增长内生动力。

构建财政金融协同保障机制,需要从就业保障和创新保障两方面着手。一方面,夯实供给侧结构性改革中的就业保障机制。伴随着经济结构的深度调整,劳动力的需求结构也将产生较大变化,无论是僵尸企业的清理还是传统产业的转型,均会加大就业市场调整压力。在发挥现行社会保障体系作用的基础上,还可以加大政策性金融扶持力度,在劳动力再就业培训、中小微企业创业等领域提供政策性贷款,熨平就业市场波动,降低改革的社会成本;另一方面,构筑与创新驱动相匹配的创新保障机制。积极以政府采购等方式支持创新科技的推广和应用,探索建立财政资金参与、金融资源扶持的创新风险分担与补偿制度,充分激发微观主体创新动力。

参考文献

[1] 陈志媚、杨德勇:《产业结构与财政金融协调发展战略研究》,中国经济出版社 2007 年版。

[2] 顾元媛、沈坤荣:《地方政府行为与企业研发投入——基于中国省际面板数据的实证分析》,《中国工业经济》2012 年第 10 期。

[3] 郭晔、赖章福:《政策调控下的区域产业结构调整》,《中国工业经济》2011 年第 4 期。

[4] 胡金焱:《从理论实证到经验实证:反"经济衰退"的财政货币政策选择》,《财政研究》2000 年第 5 期。

[5] 李扬:《货币政策与财政政策的配合:理论与实践》,《财贸经济》1999 年第 11 期。

[6] 宋来:《中国财政政策产业结构调整效应的实证分析——基于 1993—2012 年省际面板数据》,《华东理工大学学报》2017 年第 7 期。

[7] 易信、刘凤良:《金融发展、技术创新与产业结构转型》,《管理世界》2015 年第 10 期。

[8] 张同斌、高铁梅:《财税政策激励、高新技术产业发展与产业结构调整》,《经济研究》2012 年第 5 期。

[9] Aghion P, Hewitt P, Mayer – Folks, "The Effect of Financial Development on Convergence: Theory and Evidence" The Quarterly Journal of Economics, 2005 (02): 173 – 222.

[10] Beck Thorsten, Levine Rose and Loayza Norman, "Finance

and Sources of Growth" Journal of Financial Economics, 2000 (58): 261-310.

[11] Bennis Wai Yip, "Reassessment of the State Role in the Development of High-Tech Industry: A Case Study of Taiwai's Hsinchu Science Park" East Asia, 2006 (23): 61-86.

[12] Karolina E. and J. Torstensson, "High-Technology Subsidies in General Equilibrium: A Sector-Specific Approach" Canadian Journal of Economics, 1997 (30): 1199-1201.

[13] King, R. G. and Levine, R., "Finance, Entrepre? neurship and Growth: Theory and Evidence" Journal of Monetary Economics, 1993 (32): 513-542.

[14] Nahla S., Jan F., Sugata G., "Is the Relationship Between Financial Development and Economic Growth Monotonic? Evidence from A Sample of Middle-Income Countries" World Development, 2015, 68 (4): 66-81.

[15] Rajan R., Zingales L., "Financial Dependence and Growth" American Economic Review, 1998, 88 (3): 559-586.

[16] Ray Dalio, "An In-depth look at Deleveragings" Bridgewater working paper, 2012.

[17] 巴曙松：《中国加杠杆周期走到尽头了么?》，华创证券研究报告，2014年。

[18] 白钦先、常海中：《中国金融业对外开放进程回顾与评述》，《西南金融》2017年第2期。

[19] 曹蕊：《借鉴美国经验，利用政府采购推动技术创新》，《中国政府采购》2019年第06期。

[20] 陈文、雷禹：《大数据应用：推进消费金融业务的利器》，《新金融》2016年第1期。

[21] 陈旭：《解读"双支柱调控框架"》，《武汉金融》2017年第11期。

[22] 崔喜君：《基于部门视角的中国债务水平分析：债务周期

研究专题报告》，渤海证券研究报告，2013年。

［23］崔喜君：《天津政府债务审计结果之我见》，渤海证券研究报告，2013年。

［24］方思元、梁珣：《中国金融对外开放：成就、不足与变革》，《海外投资与出口信贷》2018年第6期。

［25］方昕：《经济周期、债务周期与平衡》，《中国金融》2015年第17期。

［26］房汉廷：《关于科技金融的理论、实践与政策的思考》，《中国科技论坛》2010年第11期。

［27］辜胜阻、庄芹芹、曹誉波：《构建服务实体经济多层次资本市场的路径选择》，《管理世界》2016年第6期。

［28］何自力：《推动供给侧结构性改革必须加强供给侧宏观调控》，《政治经济学评论》2016年第2期。

［29］贾康、苏京春：《论供给侧改革》，《管理世界》2016年第3期。

［30］金昱：《消费金融是金融服务实体经济的重要切入点》，《上海证券报》2017年3月10日第12版。

［31］李皓：《美国消费金融发展现状及启示》，《技术与市场》2010年第1期。

［32］李华林：《利率"两轨并一轨"今年有看点》，《经济日报》2019年1月9日第3版。

［33］李扬等：《中国国家资产负债表2015》，北京：中国社会科学出版社，2015年版，第34、93页。

［34］廖理、张学勇：《首届中国消费金融研讨会综述》，《经济研究》2010年第45期。

［35］林伟光：《我国科技金融发展研究》，博士学位论文，暨南大学，2014年。

［36］刘煜辉：《摸底中国负债》，《财经》2013年第4期。

［37］罗晶、徐培文、刘海二：《互联网消费金融与中低收入者的消费信贷选择》，《湖南财政经济学院学报》2016年第5期。

[38] 马德功、韩喜昆、赵新：《互联网消费金融对我国城镇居民消费行为的促进作用研究》，《现代财经（天津财经大学学报）》2017年第9期。

[39] 评论员：《坚持以供给侧结构性改革为主线不动摇》，《人民日报》2018年12月26日，第1版。

[40] 邱兆祥：《促进科技与金融结合　助推我国经济转型》，《理论探索》2015年第3期。

[41] 宋军：《谈政府采购在供给侧结构性改革中的牵引作用》，《行政事业资产与财务》2016年第5期。

[42] 汪同三：《找准创新和完善宏观调控的着力点》，《经济日报》2018年3月29日，第14版。

[43] 王国刚：《中国消费金融市场的发展：中日韩消费金融比较研究》，社会科学文献出版社2013年版。

[44] 王江、廖理、张金宝：《消费金融研究综述》，《经济研究》2010年第45期。

[45] 王珺：《实现经济高质量发展必须提高全要素生产率》，《南方日报》2018年10月29日，第2版。

[46] 王勇：《通过发展消费金融扩大居民消费需求》，《经济学动态》2012年第8期。

[47] 习近平：《深化金融供给侧结构性改革　增强金融服务实体经济能力》，《人民日报》2019年2月24日，第1版。

[48] 徐忠：《新时代背景下中国金融体系与国家治理体系现代化》，《经济研究》2018年第53期。

[49] 许文彬、王希平：《消费金融公司的发展、模式及对我国的启示》，《国际金融研究》2010年第6期。

[50] 颜博：《中国国有资产负债现状及风险探索》，《中国商情》2013年第13期。

[51] 杨鹏艳：《消费金融的理论内涵及其在中国的实践》，《经济问题探索》2011年第5期。

[52] 叶湘榕：《互联网金融背景下消费金融发展新趋势分析》，

《征信》2015 年第 6 期。

[53] 易宪容：《"双支柱"宏观调控新框架的理论研究》，《浙江社会科学》2018 年第 7 期。

[54] 尹一军：《互联网消费金融的创新发展研究》，《技术经济与管理研究》2016 年第 6 期。

[55] 俞乔等：《2013 年中国市级政府财政透明度研究报告》，清华大学公共管理学院研究报告，2013 年 7 月。

[56] 袁红英：《推进经济高质量发展的财政金融政策协调机制研究》，《经济论坛》2018 年第 8 期。

[57] 张杰：《我国消费金融发展展望与策略选择》，《经济纵横》2015 年第 7 期。

[58] 张李义、涂奔：《互联网金融对中国城乡居民消费的差异化影响——从消费金融的功能性视角出发》，《财贸研究》2017 年第 8 期。

[59] 张荣：《我国互联网消费金融发展困境与路径探寻》，《技术经济与管理研究》2017 年第 1 期。

[60] 张英杰：《如何走出企业部门高债务困局》，中诚信国际研究报告，2015 年。

[61] 章辉、张翼飞：《OECD 发达国家政府采购管理经验与启示》，《地方财政研究》2018 年第 9 期。

[62] 章辉、张翼飞：《OECD 发达国家政府采购管理经验与启示》，《地方财政研究》2018 年第 9 期。

[63] 章辉：《政府采购政策功能效果评价——基于 2003—2015 年的政府采购实践》，中国财政经济出版社 2018 年版。

[64] 赵昌文、陈春发、唐英凯：《科技金融》，科学出版社 2009 年版。

[65] 赵大伟：《大数据技术驱动下的互联网消费金融研究》，《金融与经济》2017 年第 1 期。

[66] 郑洁、翟胜宝：《预算约束视角下的地方政府性债务管理研究》，《宏观经济研究》2014 年第 6 期。

［67］中国人民银行中关村国家自主创新示范区中心支行课题组、李玉秀:《互联网消费金融对传统消费金融:冲击与竞合》,《南方金融》2016年第12期。

后 记

《推进供给侧结构性改革的现代财政金融体系研究》一书的撰写，是我们对经济新常态和供给侧结构性改革大背景下财政、金融体系建设不断思索的结晶，是山东社会科学院财政金融研究所多位同仁共同努力的成果，亦是山东社会科学院创新工程重大项目、山东省理论建设工程"区域发展与实践创新"研究基地的课题成果。

本课题由山东社会科学院财政金融研究所所长张文研究员担任课题负责人，并负责总体设计与统审定稿，张念明、高阳进行了初审、复审、修改、增删等编辑工作，最后由张文终审、定稿。各章节的撰稿人分别为：张文（序言）、张念明（第一、四、七章）、朱孟晓（第二章）、孙灵燕（第三章）、王韧（第五、十、十二章）、李宗宝（第六章）、高阳（第八、十三章）、王崇宇（第九章）、宋建（第十一章）。

本书在写作过程中得到了山东社会科学院院长张述存研究员、副院长袁红英研究员等多位专家学者的支持和帮助，科研处处长张凤莲、副处长吴刚为本书出版做了大量联络、协调工作。中国社会科学出版社冯春凤编辑为该书出版付出了辛勤劳动。在此，一并表示最诚挚的谢意！由于时间仓促、水平所限，书中表述难免有错漏之处，敬请大家批评指正。

作 者

2020 年 3 月 20 日